브렉시트를
대비하라

EU 집행이사회 조명진 박사

브렉시트를
대비하라

조명진 지음

유럽 통합의 종말

대한민국에는
어떤 위기와 기회가
닥쳐오는가?

한국경제신문

브렉시트, 어떻게 대비할 것인가

2016년 6월 23일 영국의 국민투표 결과는 유럽뿐만 아니라 전 세계에 커다란 충격을 안겨주었다. 영국의 유럽연합(European Union, 유럽연합, 이후 EU로 표기) 탈퇴는 유럽 통합 역사상 초유의 사건이며 브렉시트(Brexit, 영국의 유럽연합 탈퇴, 영국(Britain)과 탈퇴(Exit)의 합성어)가 향후 가져올 파장을 예측하기 힘들다. 브렉시트가 불러올 불확실성의 변수는 환율을 포함한 많은 경제지표에 고스란히 나타나고 있다.

특히 브렉시트가 유럽 통합을 좌초시키는 전주곡이 되지는 않을까 하는 우려가 팽배하다. 브렉시트는 향후 영국과 유럽뿐만 아니라 전 세계에 경제·안보·정치 분야에서 파상적으로 영향을 끼칠 '미래형' 사건으로 간주되고 있다.

브렉시트와 관련해서 필자는 2012년 2월 8일자 〈시사저널〉에서 이렇게 예측한 적이 있다.

━━ EU에 남느냐 아니면 나오느냐는 영국의 미래가 걸린 중요한 선택이다. 금융 위기 이후 또 다른 위기의 태풍이 올 가능성을 염두에 둔다면, EU라는 커다란 배에 승선해 있는 것이 작은 돛단배보다는 안전하다. 다시 말해, 영국의 운명적 결정은 '비탄의 아웃사이더'를 택하는 것보다 '천대받는 인사이더'로 남는 것이 현명해 보인다. 만약 영국이 EU 탈퇴를 선택하면, 스코틀랜드와 웨일스는 별도로 EU 회원국이 될 가능성이 있다. 그렇게 되면 잉글랜드는 아담한 왕국으로 남을 수도 있다.

4년 전 이 예측이 실제 상황이 되면서, 브렉시트라는 역사적 사건을 통해서 얽혀 있는 국제 역학 관계의 변화를 상세히 다루어야겠다는 각오가 마음속에 움터올랐다. 왜 브렉시트라는 역사적 사건이 필자에게 이처럼 커다란 무게감으로 다가오는 것일까?

역사적 사건은 한 개인의 노력이나 의지로 되는 것이 아닌 복잡한 변수들이 도출해내는 결과물이다. 그런데 한 개인이 어떤 역사적 사건 속에 자신의 의지와는 상관없이 놓이게 될 경우, 그리고 그런 경우가 반복되는 데자뷔와 같다면, 이성으로는 가늠할 수 없는 어떤 힘에 의해서 그 자리에 있는 자신을 기이하게 볼 수밖에 없을 것이다.

브렉시트에 대한 집필 제안을 받았을 때 별 망설임 없이 수락했다. 왜냐하면 필자가 이 주제를 다루기에 그 누구보다도 준비된 위치에 있다고 생각했기 때문이다. 그간 여러 형태의 유럽 방산과 안보 관련 연구 프로젝트에 참여했고, 일반 독자를 대상으로 세 권의

책 《세계 부와 경제를 지배하는 3개의 축》(2008), 《우리만 모르는 5년 후 한국 경제》(2010), 《유로피안 판도라: 유럽 통합의 과거, 현재, 미래》(2012)를 출간하면서 유럽과 EU를 여러 각도로 다뤄온 풍부한 경험을 쌓아왔다. 게다가 2014년부터 필자의 독일 경험은 한반도의 통일 문제에 새로운 시각을 제공하며 기여했고, 세월호 참사 이후 안전 문제의 심각성이 부각되었을 때 스웨덴 사례의 벤치마킹을 통해서 한국 사회에 구체적인 방향을 제시할 수 있었다.

유럽 언어를 배우기 시작한 시점으로부터 방위산업과 국제안보를 다루어온 기간을 포함해 유럽과 인연을 맺은 지 30년 세월을 훌쩍 넘겼다. 의도하지는 않았지만 그때마다 시대적 사건과 절묘하게 맞아떨어지는 연구 주제를 맡은 것은 그저 숙명적인 것이라는 생각이 든다. 그간 유럽에서 쌓은 경력과 경험이 개인적인 것으로만 여겨지지 않게 되었고, 여기에서 나온 책임감으로 이 책을 썼다.

이 책의 목적은 브렉시트가 함의하는 바를 국제 경제, 금융, 국방, 안보 등 다각적 측면으로 상호 연계성을 분석하여 앞으로 닥칠 여파를 전망하고 대비하는 것이다. 책의 구성은 브렉시트의 전말을 이해할 수 있도록 첫 세 장을 과거, 현재, 미래로 나누었다.

1장은 브렉시트 결정이 내려진 배경을 파악하기 위해서 영국 내 정치, 특히 보수당과 유럽 통합과의 관계를 조명하고, 국민투표 결과에 결정적인 요인이었던 반EU 감정의 근원을 찾기 위해서 영국인이 지닌 정체성 문제를 다뤘다. 특히 브렉시트를 촉발한 가장 큰 원인인 유럽 난민 사태를 영국 이민 문제와 대비시켜 심층 분석했다.

2장에서 브렉시트로 인해서 영국 국내외적으로 변화들이 어떤 양상으로 발생하는지 이슈별로 조망했다. 또한 영국이 탈퇴하기로 한 EU의 현 주소를 살펴보기 위해 유럽 통합에 대한 평가를 시도했다.

3장은 브렉시트의 향방을 전망하기 위해서 영국이 선택할 수 있는 카드가 무엇인지 정리하고, 발생 가능한 변수들에 따른 5가지 시나리오를 제시했다. 더불어 브렉시트가 EU와 북대서양조약기구(North Atlantic Treaty Organization, NATO) 차원의 안보 변화와 신양극체제라는 국제 안보 틀에서 어떤 요소로 작용할지 다룬다.

4장에서는 우리의 대응 전략을 살펴본다. 브렉시트의 영향 평가와 함께 중국과 일본의 대응 방식을 알아본다. 이를 통해서 참고해야 할 점이 무엇인지를 파악하고 한국은 어떤 정책을 세워야 하는지 고민해본다. 특히 국제적 신의와 경쟁력 회복이 절실한 현재 상황에서 우리의 대응 전략을 제시한다.

부록에서 향후 세계 금융시장에서 중요한 사안으로 떠오를 유로화의 금본위제 도입 가능성을 별도로 다룬다.

이 책이 전문가와 오피니언 리더들에게 숨가쁘게 변하는 국제 정세 속에서 우리의 위치를 파악하는 데 유용한 길잡이가 되기를 바란다. 또 브렉시트라는 역사적 사건에 대해 궁금증과 지적 호기심을 갖고 있는 독자들에게는 국내 언론과 교재에서 얻을 수 없는 심층 분석된 고급 정보를 통해서 '세상을 보는 눈'을 갖기를 바란다.

조명진

1장

왜 영국은
브렉시트를 선택했나

BREXIT

1

—

브렉시트의
시작

런던정경대(LSE) 국제관계학과 크리스토퍼 코커 교수는 "브렉시트는 본래 보수당의 문제"[1]라고 주장한다. 즉 EU 탈퇴 주장이 보수당에서 나왔고, 이 문제를 국민투표에 부친 것이 보수당이며, 예상 밖의 결과에 대해 브렉시트 협상을 이끌어내는 책임을 져야 하는 것도 보수당이라는 의미로 해석된다.

영국[2]은 2016년 6월 23일 EU 탈퇴 또는 잔류를 묻는 국민투표에서 52:48로 탈퇴를 선택했다. 영국이 EU와 43년 간의 관계를 정리하겠다고 결정한 것은 유럽은 물론 전 세계를 충격에 빠뜨렸다. 코커 교수의 주장대로 브렉시트가 벌어진 배경에 대해서 우선 유럽 통합과 영국 보수당의 관계를 살펴볼 필요가 있다.

1973년 영국은 아일랜드와 덴마크와 함께 EU의 전신인 유럽경제공동체(Euro-pean Economic Community, EEC)에 가입했다. 당시 집권 보수당의 에드워드 히스(Edward Heath)[3] 총리는 이를 기념하며 "영국은 유럽경제공동체 회원국으로서 지식과 정보의 커다란 교류의 장이 될 뿐만 아니라 유럽을 넘어 전 세계적으로 더 많은 시장에 진출하는 데 더 효율적인 경쟁력을 가질 수 있을 것이다"[4]라는 낙관적인 연설을 했다. 이어 영국 정부는 당시 9개 회원국을 둔 유럽경제공동체 가입에 대해서 1975년 국민투표를 통해서 유럽경제공동체 회원국임을 확인받게 되었다. 이때 예외적으로 집권당인 노동당과 야당인 보수당이 모두 잔류를 지지했다.[5]

영국이 유럽 통합에 대해서 미온적인 아웃사이더라는 이미지를 주는 것은 유럽경제공동체에 창단인 1957년보다 16년 늦은 1973년에 가입한 것에 기인한다. 그러나 2차 세계대전 종식 후에 '유럽 합중국(United States of Europe)'의 창설을 제안한 사람이 영국 의회 역사상 60번째 총리인 영국 보수당의 윈스턴 처칠 수상이라는 사실에서 보면 영국은 유럽 통합의 기원과 무관하지 않다. 처칠은 1946년 스위스 취리히에서 이렇게 연설했다.

━━ 우리는 유럽 합중국을 세워야 합니다. 이로써 수억 명의 임금 노동자들의 삶이 가치 있게 되어 일상의 기쁨과 희망을 되찾을 수 있습니다. 유럽 합중국이 진정으로 잘 세워지면 한 국가가 물질적으로 풍요로운지는 덜 중요하게 됩니다. 작은 국가들도 큰 나라와 같은

취급을 받고, 공동 목적에 기여함에 따라 존경 받게 될 것입니다.[6]

처칠 수상의 이 같은 신기원을 이루는 정치적 비전에도 불구하고 영국이 유럽 통합의 주류에서 벗어나 주변 회원국으로 비춰지는 이유가 있다.

1951년 유럽석탄철강공동체(European Coal and Steel Community, ECSC)가 설립될 당시 영국은 독일과 접경한 프랑스만큼 그 필요성에 대해서 절실하지 않았기에 별다른 관심을 보이지 않았다. 때문에 영국은 유럽석탄철강공동체를 근간으로 1957년 유럽경제공동체가 창설될 때도 가입 초대를 받았지만 거절한 것이다. 유럽석탄철강공동체에 가입하지 않은 것에 대해서 처칠 수상은 의회 연설에서 집권 노동당을 이렇게 비난했다.

"국가의 주권은 불가침의 영역이 아니다. 1945년 이후 지정학적 변화의 방향이 국가 간 상호의존으로 흐름에 따라 각국의 주권은 결단코 줄어들게 될 것이다."[7]

그러나 1960년대 들어 영국은 태도를 바꾸어 유럽경제공동체에 두 번이나 가입 신청을 했지만 프랑스 드골 대통령에 의해 거부되었다. 드골 대통령은 영국이 '유럽적인 이상에 대한 뿌리 깊은 적대감'을 갖고 있다며 거부권을 행사해 영국의 유럽경제공동체 가입이 성사되지 않았다. 이에 대해서 런던 킹스칼리지 마이클 하워드 교수는 영국 정부의 유럽경제공동체 가입을 위한 협상을 자연스러운 과정 또는 불가피한 필요로 보는 반면, 영국 국민 다수는 '불필요한 굴욕'으로 여겼다[8]고 기술한다. 결국 드골 대통령이 물러난 후 영국은 3차 유럽경제공동체 가입 신청을 통해서 1973년에 유럽 통합의 조류에 합류할 수 있었다.

히스 총리에 이어 1975년 보수당 당수가 된 마거릿 대처는 1979년에서 1990년까지 총리직을 맡았다. 1984년 이후로 대처 총리는 본격적으로 유럽경제공동체에 대한 적대적 태도를 보였다. 예를 들어 영국이 유럽경제공동체에 내는 분담금에 대한 '고정적인 환불'을 요구한 것이 그 예다. 대처 총리는 1985년 유럽 단일법에 서명함으로써 유럽공동체(European Community, EC)의 정치 기구적 측면이 심화되게 일조하는 등 유럽 통합에 대해서 양면성을 보였다. 반면, 노동당은 1983년 총선 공약으로 영국의 즉각적인 유럽경제공동체 탈퇴를 내세운 적이 있다.[9]

대처 총리 후임인 존 메이저 총리 또한 1992년 환율메커니즘에서 탈퇴함으로써 유럽과 불편한 관계를 이어갔다. 같은 해 유럽공동체에서 새로이 명명된 EU로 회원국의 주권을 일부 이양하는 마스트리흐트 조약에 대해서 보수당 내 반발을 겪어야 했다. 더불어 메이저 총리는 단일통화와 EU의 노동자의 권리를 보호하는 새로운 사회 헌장에 참여하지 않는 등 EU와 삐걱거리는 관계를 보였다.

1997년에 노동당의 토니 블레어가 총리가 되면서 전임인 메이저 총리가 참여하지 않은 사회 헌장에 참여하기로 하는 등 영국과 EU 관계는 안정적으로 보였다. 그러나 영국의 단일통화 가입에 대한 국민투표는 공약으로만 그치고 실제로 벌어지지 않았다. 고든 브라운과 에드 밀리반드 총리가 후임으로 노동당 정부를 이끌 때는 블레어 총리 시절처럼 대체로 친EU적인 정책을 펼쳤다.

그러나 보수당이 2010년 다시 집권하면서 데이비드 캐머런 총리는 당내의 반EU 의원들과 갈등을 빚었다. 그 결과 보수당은 유럽의회의 중도 우익 성향인 유럽국민당(European People's Party, EPP) 그룹에서 탈퇴했고, 캐머런 총리는 처음으로 EU의 새로운 조약을 봉쇄한 영국 총리가 되었다. 이에 대해 필자는 2012년 2월 〈시사저널〉 기고에서 이렇게 기술했다.

▬ 2011년 12월, 브뤼셀에서 새로운 EU 조약에 대한 회원국의 승인을 목적으로 모인 EU 정상회담에서 캐머런 총리가 유일하게 거부권을 행사했다. 사실, 캐머런 총리가 EU조약에 대해서 거부권을 행사할 수밖에 없었던 주된 이유는 국회에서 승인을 받을 수 없음을 간파한 것이었다. 보수당 내 소장파들이 영국의 EU 회원권에 대한 국민투표를 붙이자는 요구가 이미 한 달 전에 있었다. 2010년 총선에서 의석을 확보한 305명의 보수당 의원 중에 거의 절반의 의원들이 처음으로 국회의원이 된 사람들이다. 주목할 점은 이 초선 의원들의 영입은 그 어떤 보수당 정부보다도 EU에 대해서 적대적 성향을 보인다는 것이다. 이전의 영국 정부는 어떤 상황에 처하든 EU 내회원국 자리를 고수하려는 입장이었다. 이와는 달리 현 보수당 정부는 "필요하다면" 유럽 통합의 대열에서 이탈해 홀로서기도 마다하지 않겠다는 자세다.[10]

이것이 브렉시트의 도화선이 된 것이다. 그리고 보수당이 유럽에 대해 비관적인 시각을 갖도록 더욱 압박한 국내 정치 변수가 생겼다. 그것은 바로 영국독립당(United Kingdom Independence Party, UKIP)의 부상이다. EU로부터의 영국의 탈퇴를 우선 정치 강령으로 내세운 독립당의 기세를 보수당은 의식하지 않을 수 없었다.

독립당은 1994년 유럽의회에서 전체 유권자의 1%를 득표한 것을 시작으로 1999년에는 6.7%로 상승하며 3명의 후보가 유럽의회 의석을 확보했다. 2004년과 2009년 유럽의회 선거에서는 16%의 득표율로 12명의 유럽의회 의원 자리를 차지했고, 급기야 독립당은 2014년에는 무려 27.5%의 득표율을 보이며 영국 정당 중에 가장 많은 24명의 유럽 국회의원을 배출했다. 마침내 2015년 영국 총선에서 한 명의 국회의원을 당선시키며 의회에 진출했고, 나이절 패러지 전 독립당 당수의 설득에 의해 더글러스 카스웰과 마크 레클리스라는 보수당 의원이 독립당으로 당적을 바꾸는 일도 벌어졌다.[11] 이 같은 독립당의 기세는 보수당에 우려감을 더해 캐머런 총리가 더욱 유럽회의론적 태도를 보이게 만든 이유가 되었다.[12]

이런 압박에 더하여 난민 문제가 가중된 상황 속에서 캐머런 총리는 2013년 1월 블룸버그 연설을 통해, 2015년 5월 총선에서 보수당이 재집권하면 영국의 EU 회원국에 대한 재협상과 EU 잔류나 탈퇴냐를 묻는 국민투표를 실시하겠다고 약속했다. 2015년 보수당이 재집권에 성공하자, 공약대로 2016년 2월 20일 영국의 EU 회원권에 대한 국민투표를 6월 23일에 실시한다고 공표했다.

토니 블레어 노동당 정권에서 유럽장관을 지낸 바 있는 데니스 맥셰인 의원은 브렉시트 국민투표의 영국 내 정치사적 의미에 대해서 이렇게 평가했다.

> ━━ 데이비드 캐머런 총리의 2013년 1월 EU 잔류 여부를 묻는 국민투표 공약은 그의 첫 총리직에서 가장 중요한 사안이었을 뿐만 아니라, 국제 조약과 관련된 문제를 결정해온 영국 의회의 수 세기의 전통을 무너뜨린 사건이었다. 다시 말해, 그 전까지 영국 역사상 총리가 국제 조약의 거부를 허용하는 국민투표를 제안한 적은 없었다.[13]

캐머런 총리는 EU 회원국 자격 유지가 가져오는 이점들을 강하게 믿었다. 그러나 마이클 고브 법무장관과 보리스 존슨 전 런던시장 같은 일부 보수당 의원들은 탈퇴를 지지했다. 2015년 초반만 해도 브렉시트 가능성은 희박했는데, 유럽 난민 사태와 유로존 사태로 인하여 브렉시트 찬성과 반대 비율이 비슷해졌고, 일부 여론 조사 결과는 영국 유권자의 다수가 EU 탈퇴를 원하는 것으로 나왔다.[14]

실제 투표 결과 52:48의 근소한 차이로 영국의 EU 탈퇴가 결정되었다. 영국의 유럽경제공동체 가입에서 브렉시트 결정까지 지난 43년을 돌이켜보면, 결국 영국의 유럽 통합 대열 참여와 이탈 결정이 모두 보수당의 주도로 벌어졌다는 역사적 아이러니를 발견할 수 있다.

BREXIT

2
—

잔류와 탈퇴,
치열한 논쟁들

브렉시트 찬성 진영의 EU 탈퇴 이유는 간략하고 분명하게 두 가지이다. 우선 이민자를 줄이자는 것과 영국이 EU의 불합리한 관료주의에서 벗어나자는 것이다. 반면 브렉시트 반대 진영은 EU 탈퇴에 따른 경제적 손실에 대한 정확한 수치조차 내놓지 못했다. 그저 현상 유지를 원한다고 할 뿐 EU 잔류 이유를 구체적으로 제시하지 못한 것이다.

실제로 영국이 EU 회원국으로서 내는 비용과 받는 혜택을 수치로 환산하는 것은 복잡한 일이다. 예를 들면 '오픈 유럽'이라는 싱크탱크가 2013년 영국이 EU 규정 중 상위 100가지를 지키기 위해 드는 비용은 연간 274억 파운드로 국내총생산(GDP)의 약 2%를 차지한다고 보고한 바 있다. 그러나 다른 싱크탱크들은 이 수치가 너무 높거나 너무 낮다는 의견을 보인다. 게다가 영국이 단일시장에 접근함으로써 얻는 순수 이득은 국내총생산의 0.3~0.9%와 4.25~6.5% 까지 폭넓게 나온다.[15] 이 같은 통계 수치는 인용하기 막연하다는 점이 EU 회원권의 가치를 수량화하는 데에 어려움이 있다.

현상 유지란 어느 사회이건 기득권층의 바람이다. 6월 23일 선거 운동 기간에 두드러진 현상은 기득권층과 교육받은 사람들의 목소리보다 소외 계층을 향한 목소리와 교육을 잘 받지 못한 유권자를 향한 목소리가 더 크게 들렸다. 바로 EU로부터 탈퇴를 외쳐온 전 독립당 당수 나이절 패러지의 목소리는 그 누구보다도 저학력의 소외 계층을 움직였다.

정치 도박사로 선동에 능한 것으로 알려진 나이절 패러지는 브렉시트 투표 기간에 영국 법안 가운데 75%를 EU가 제정한다고 주장했다. 그러나 실제로 영국 의회도서관에 따르면 EU와 관련된 법안은 7% 이상이 안 된다. 이처럼 문제는 영국뿐 아니라 모든 지역에서 유권자들이 이 같이 근거가 없고 검증되지 않은 자료를 인용한 선거 운동에 귀를 기울이거나 현혹될 수밖에 없었다는 점이다.

패러지 전 당수를 포함한 브렉시트 지지자들은 EU를 불필요한 규제를 만드는 기관으로 포괄적으로 지적하면서 탈퇴 이유를 찾았다. 그러나 그들은 EU의 규제는 규제완화 법안도 포함하는 점을 간과한다. EU의 규제완화로 EU 시민들이 직접적인 혜택을 받는 분야 중에 하나가 항공 서비스 산업이다.

EU는 각 회원국의 항공사 운영 독과점을 무너뜨리는 규제완화 조치를 취했다. 이로 인하여 라이언에어(Ryan Air)와 이지제트(Easy Jet)가 유럽 전역을 운항할 수 있게 되었다. 런던과 더블린을 왕복하려면 종전의 아일랜드 국적기인 에어링구스(Aer Lingus) 또는 영국 국적기인 브리티시에어웨이즈(British Airways)를 이용할 수밖에 없었고, 항공료도 170파운드가 들었다. 그러나 저가 항공사의 취항 덕분에 항공료는 절반으로 인하되었다.

이 두 국적기도 어쩔 수 없이 항공료를 인하할 수밖에 없게 되어 항공 서비스를 이용하는 이용객이 혜택을 받게 되었다. 그래서 "이지제트는 EU가 낳은 아이다"[16]라는 말이 있을 정도다. 즉 각 주권 국가가 통제해오던 항공 서비스 산업이 유럽 통합의 덕을 본 것이다. 문제는 선거 기간에 이처럼 상세한 유럽 통합이 가져온 혜택을 브렉시트 반대 진영에서 일반 유권자들에게 알리는 노력이 부족했다는 점이다.

런던 킹스칼리지 석좌교수인 로렌스 프리드먼은 국민투표 한달 전 "브렉시트는 민주적 투명성에 영향을 받지 않는 동떨어진 관료주의로부터의 위대한 탈출로 여겨지고 있다"라고 EU 탈퇴 찬성 진영을 냉소적으로 비난했다.

━━ 브렉시트 찬성자들은 영국이 EU에서 나오면 영국의 에너지와 재원을 통해서 얻게 될 혜택이 지금보다 상상할 수 없을 정도로 많을 것이라고 하지만 정작 구체적으로 얻어지는 이점을 내놓지는 못하

고 있다. 그들에게선 정권 교체를 이룰 리더십과 정강을 갖춘 정당의 모습이 보이지 않는다. 그들은 여러 정치색을 띠는 자유무역주의자, 보호주의자, 간섭주의자 그리고 고립주의자 같은 느슨한 형태의 개인 연합체일 뿐이다.[17]

한편 프리드먼 교수는 잔류 찬성 진영이 보이는 약점도 정확하게 짚었다.

━━ 브렉시트 지지자들의 주장은 탈퇴에서 생기는 문제보다는 잔류에서 벌어지는 위험에 초점을 맞추고 있다. 그들은 EU를 내정 간섭이나 하는 조직, 무능하며 특히 유로존의 재정위기와 중동 분쟁으로 인해서 오는 난민 유입에 대처하는 데에도 무력한 조직으로 본다. 게다가 EU가 초국가 형태로 바뀌고 있기에, 영국이 책임질 안보에 대한 권한도 가져가고, 현재 미국과 구축해놓은 국방 정보 시스템에 교란을 초래한다고 주장한다. 결국 영국은 EU 안에서 대처하지 못할 여러 위기 상황에 빠져들 수 있기 때문에 더 늦기 전에 탈퇴해야 한다는 것이다. 탈퇴 진영의 이 같은 주장에 대해서 잔류 진영은 현재로는 EU의 미래에 대해 마땅히 내놓을 청사진이 없다는 것이 문제다. EU의 불완전함을 인정하고 개혁의 가능성을 제시하는 정도밖에 안 된다.

실제로 영국은 유럽에서 벌어진 최근의 위기 상황에서 대부분 격리되어 있다. 영국은 유로존에 속하지 않으며 셍겐 조약(Schengen agreement)에도 들어 있지 않다. 결과적으로 영국은 다른 EU 회원국보다 자국 국경 통제권을 더 많이 행사하고 있다. 이 점에서 프리드먼 교수는 "브렉시트를 주장하는 진영에서 열망하는 헌법적인 독립이란 사건을 통제하는 실질적인 독립적 헌법의 능력과 같은 것이 아니다"라고 답변한다.

유럽의회의 보수당 의원이자 《왜 탈퇴에 투표하는가(Why Vote Leave)》의 저자 대니얼 해넌은 영국의 EU 탈퇴를 주장하며 대안으로 스위스 모델과 세계무역기구(World Trade Organization, WTO) 옵션을 제안한다.

■■■ 유럽경제공동체가 설립될 당시, 유럽경제공동체는 지역의 경제 블록이 되는 것이 목적이었다. 이제 인터넷의 발달로 지구 어디에서도 상거래가 가능하므로, 과거처럼 지리적인 인접성은 문제가 되지 않는다. 뉴질랜드는 영국에서 지리적으로 가장 멀리 떨어진 나라이지만, 영연방[18]으로서 영어를 사용하는 국가이고 회계법도 유사하기 때문에 큰 어려움 없이 무역할 수 있다. 이런 점에서 영국의 EU 회원권의 대안은 스위스와 같은 형태의 자유무역협정(Free Trade Agreement, FTA)이다. 스위스는 EU 회원국들과의 개별 상호협정에 따라 셍겐 지역으로 분류되고, EU 단일시장에서 누리는 4가지 자유(상품, 서비스, 노동, 자본의 역내 자유 이동)을 전적으로 공유하고 있다.

영국이 EU를 탈퇴했을 때 영국의 수출이 EU 회원국들로부터 차별을 받지 않을까에 대한 우려가 있지만, 실제로는 그렇지 않다. 영국의 수출 문제는 WTO가 맡아줄 것이다. 또 한 가지 간과해서는 안 되는 것은 영국은 유럽 통합에 합류하기 전에는 서유럽 국가와 무역에서 흑자였지만, 그 이후는 줄곧 적자를 면하지 못하고 있다는 점이다. 2010년 영국의 대EU 무역 적자는 524억 유로에 이르고, 여타 국가와의 무역에서는 157억 유로의 흑자를 보였다. 영국이 EU 회원권을 지닌 기간에 유럽만 제외하고 다른 대륙과는 총체적인 흑자였다. 영국의 실익을 봤을 때, EU에서 탈퇴하는 것이 올바른 선택이다.

해넌 의원의 주장과는 반대로 더글러스 알렉산더 노동당 국회의원은 다음과 같이 영국이 EU에 잔류해야 한다고 주장한다.

■ 10조 파운드 가치의 5억 인구 시장에서 영국을 차단시킨다는 것은 유럽에 대한 신의를 저버리는 것이나 다름없다. 영국 기업들은 유럽 경쟁회사들보다 더 경쟁력 있고, 더 혁신적이고, 더 앞선 생각을 하지 않는다. 반유럽파들은 낮은 기술력과 저 부가가치 상품에서 경쟁하기를 원하는 사람들이다. 유럽에서 우리의 목소리를 낼 수 있다는 것은 EU와 실용적이고 애국적인 방법으로 관련되어 있다는 뜻이다. 법, 비즈니스 서비스, 금융 서비스, 의학 시술, 교육 등의 사안을 논하는 자리에 영국이 참석하지 않는다면, 영국을 위한 이익을 얻을 방법을 찾을 길이 없다. 영국의 리더십은 단순히 일시적인

인기에 영합하지 말고, 옳다고 생각하는 것을 추진해야 한다. 진정으로 영국을 위한 길은 EU 회원권을 유지하는 것이라고 믿는다.

해넌 의원은 유럽의회 의원직 경험을 바탕으로 그가 목격한 EU의 방만한 예산 지출 관행에 불만을 표시했다. 월급 8,020유로 외에 의원 비서실 직원 채용으로 쓸 수 있는 월 1만3,000유로와 영수증을 제출할 필요 없는 우표와 물품 구입 같은 경비 명목으로 월 4,000유로가 책정되는 것은 지나치게 관대한 대우라며, "EU는 선한 사람들을 나쁜 방식으로 처신하도록 만드는 부패한 조직이다"[19]라고 비판한다.

그러나 한국 국회의원이 연간 약 1억5,000만 원의 세비와 보좌관들 급여로 약 4억 원이 책정되어 있다는 사실[20]을 해넌 의원이 안다면 EU 예산 지출에 대해서 비판의 수위를 낮출 것 같다. 참고로 영국 국회의원의 월 급여는 830만 원으로 한국 국회의원의 1,150만 원에 비해 38.6% 낮다.

해넌 의원은 영국이 EU를 탈퇴함에 따라 벌어질 변화에 대해 "민주적 측면, 재정적 측면, 심리적 측면에서 3가지 이득이 있을 것이다"라고 구체적인 통계나 수치를 제시하지 않은 채 막연하게 전망했다. 해넌 의원의 주장에 대해 다음과 같은 반박 주장을 대비시켜 본다.

민주적 측면이란 해넌 의원이 EU의 의사결정 과정을 비민주적으로 보기 때문에 EU 탈퇴를 통해서 민주적 측면의 이득이 있을 것으로 본 것이다. 그러나 실제로 EU의 의사 결정은 각 회원국에서 선발된 인사들을 통해 이루어지며, 유럽의회 또한 각국 선거구에서 민주적 선거를 통해 당선된 사람들이 EU의 주요 기구를 감사하고 있기 때문에, 해넌 의원의 주장은 무리가 있다.

해넌 의원이 말한 재정적 측면의 이득이란 브렉시트를 통해서 영국이 EU에 내는 분담금을 내지 않아도 되므로 이 자금을 국내에 다른 용도로 사용할 수 있다는 것이다. 그러나 해넌 의원은 영국이 EU에게서 받는 혜택을 간과했다.

2014~2015년 영국이 EU에 낸 분담금은 178억 파운드였다. 2014년 EU 총 예산은 1,430억 유로로서, 전체 분담금의 10%를 상회하는 영국은 EU 회원국 중에 4번째로 분담금을 많이 낸다. 1위는 독일로 전체 20%, 2위 프랑스는 18%, 3위 이탈리아 13%다. 더욱이 영국은 1984년부터 분담금 환불을 받았다. 2015년 49억 파운드를 환불 받아서 영국의 실제 분담금은 129억 파운드였다. 브렉시트 지지자들은 이 액수를 뺀 채로 영국이 EU에 내는 비용이 하루에 5,500만 파운드라고 하지만, 리베이트를 감안하면 하루에 3,500파운드다. 게다가 공동농업정책(Common Agricultural Policy, CAP)의 일환인 EU농촌개발기금(EU Rural Development Fund)과 장기 실업률 감소를 위한 EU사회기금(EU Social Fund), 그리고 유럽지역개발기금(European Regional Development Fund, ERDF) 등의 명목으로 영국은 44억 파운드를 받았다. 따라서 영국의 EU에 낸 순수 지출은 88억 파운드 선으로 하루에 2,400만 파운드가 된다. 브렉시트 반대자들은

이점에서 영국의 단일시장 접근을 통해 얻는 이익에 비하면 적은 비용이라고 주장한다.[21]

심리적 측면의 이득이란 EU에 양도한 주권 문제뿐만 아니라 이민과 난민 문제 같은 유럽 통합의 부작용으로 인한 영국인의 반유럽 정서를 더욱 부추기는 면을 말한다. 그러나 EU를 탈퇴한다고 해서 국가적 자존심과 안정을 되찾는 것은 아니다. 이러한 고립주의는 세계화 시대에 걸맞지 않는 시대착오적인 편협한 사고다.

3
—

언론의
편파적
보도

브렉시트 찬반 논쟁에서 영국 언론의 역할은 지대했다. 데니스 맥셰인은 영국의 주요 언론이 지난 25년간 EU에 대한 부정적인 내용을 다루었고, 지금도 지속된다고 주장했다. 그러나 영국 언론의 반유럽 정서는 훨씬 더 뿌리가 깊다.

〈더타임즈〉는 영국의 고립주의를 지지해 온 전통이 있다. 1930년대 사주인 노스클리프 경과 편집장 제프리 도슨은 영국은 유럽 대륙의 문제에서 초연해야 한다고 믿었기에 〈데일리메일〉과 〈데일리익스프레스〉 같은 다른 신문사조차 기득권층의 유럽에 대한 고립주의 관점에 도전하는 것을 허용하지 않았다. 그래서 지금도 영국 언론사의 사주들과 편집장들은 반EU적 기득권층의 일부로서 EU의 활동에서 영국을 적극적으로 고립시키고 있다.[22] 유럽 통합에 부정적이었던 과거 노동당과 달리 친 유럽 성향을 보인 토니 블레어 전 총리는 영국 언론이 정부의 EU 정책을 좌지우지한다며 2003년에 이렇게 말한 적이 있다.

━ 언론은 유럽 이슈에 대해 눈여겨볼 필요가 없는 내용들을 가중시킨다. 솔직해지자. 수천 마일 떨어져 있는 언론인들이 우리의 일에 참견을 하는 셈이다. 우리 영국은 우리에게 강력히 반대하는 언론들이 있는 한 유럽에 대한 국민투표를 진행할 수는 없을 것이다.[23]

블레어 총리가 여기서 말한 수천 마일 떨어진 언론인들이란 호주 국적의 언론 재벌 루퍼트 머독이 소유한 언론사들을 가리킨다. 머독 소유의 영국 언론사는 〈선〉, 〈선온선데이〉, 〈더타임즈〉, 〈선데이타임즈〉가 있다. 《브렉시트, 영국은 어떻게 유럽을 떠났나(Brexit: How Britain Left Europe)》의 저자 데니스 맥셰인은 이들 언론사의 유럽 관련 기사는 패러디에 근거한 편견 가득 찬 기사들이라고 맹비난한다.

또 다른 반EU 언론사는 로서미어 경이 소유한 〈데일리메일〉이다. 〈데일리메일〉은 250만 부가 발행되지만 영국에 세금을 낸 적이 없다. 〈데일리메일〉은 1930년대부터 유대인을 영국에 입국시켜서는 안 된다는 이민 문제에 대해서 편파적인 보도를 해온 전통이 있다. 그뿐만 아니라 최근 몇 년간 폴란드 이민자들을 비하하고 경멸

하는 선동적 기사를 내보내어, 반폴란드 정서와 반유럽 정서를 부추기고 있다.

2015년 총선이 실시된 지 1주일 뒤에 〈데일리메일〉은 외국 노동자들이 영국의 임금을 끌어내리고 있다며, 잉글랜드은행 총재의 EU 이민자들의 수가 200만 명을 돌파할 것이라는 경고를 인용하고 나섰다. 또한 유럽 통합에 회의적인 영국 언론들은 2014년에 26만 8,000명의 인력이 여타 27개 EU 회원국에서 왔다는 통계청 수치를 인용하며 EU 이민자들에 대한 우려를 증폭시키는 보도를 계속했다.

그러나 2004년 EU에 가입한 경제적으로 낙후된 국가에서 이민자들이 왔다는 견해와 상반되게, 대부분은 기존의 잘 자리 잡은 EU 회원국에서 온 사람들이 대부분이다.[24] 이 같은 사실에서 영국 언론의 왜곡된 보도의 실태를 알 수 있다. 이런 부정적인 투의 영국 주요 언론들의 행태는 유럽의 언론과 비교된다. 즉 현재 EU 국가에서 일하는 200만 명의 영국인을 유럽 대륙의 어떤 언론도 "이민자들(immigrants)"이라고 부르지는 않는다.

이렇듯 브렉시트를 가능하게 한 요소 중 하나가 영국 언론의 반유럽적 보도 태도 때문이었다. 신문 판매 부수에만 열을 올리는 '황색 저널리즘'에 묻혀 있는 언론의 선동은 어느 나라 선거에서나 무서운 영향력을 행사한다. 영국에서는 이런 언론인들을 양심 없는 식자층과 함께 '지적 속물들(intellectual snobs)'이라 부른다.

BREXIT

4
—

국민투표로
드러난
계층 갈등

2016년 6월 23일 투표 당일, 영국의 여론조사기관 유고브(YouGov)와 입소스 모리(Ipsos MORI)가 실시한 국민투표 예측에서 EU 잔류가 우세한 것으로 나왔다. 유고브는 EU 잔류 52%, EU 탈퇴 48%로 예측했고 입소스 모리는 EU 잔류 54%, 탈퇴 46%로 예측했다. 그간 영국을 포함한 유럽의 선거 예측은 당일에는 거의 맞았다. 그런데 브렉시트의 결과는 유고브의 여론 조사 결과와 반대로 나왔기 때문에 '예상 밖의 결과'라고 또는 '이변'이라고까지 말하는 것이다.

브렉시트 투표 결과에 대해 젊은 세대와 노년 세대의 갈등 문제가 표출되었다고 분석하는 한편, 국수주의를 표방한 측면이 있다고도 말한다. 그런데 무엇보다도 주목해야 할 점은 브렉시트가 세계화 문제에 대해서 교육 정도에 따른 계층 갈등을 표출했다는 것이다.

투표율에 있어서 18세에서 24세 사이의 유권자 중 64%가 투표에 참가했다. 이 같은 수치는 지난 20년 간 볼 수 없었던 높은 투표율이다.[25] 25~39세 연령대 유권자의 투표율은 65%, 40~54세는 66%, 55~64세는 74%, 65세 이상은 90%의 높은 투표율을 보였다. 전체 평균 투표율은 72.2%였다.

브렉시트를 지지한 사람들은 연령, 학력, 소득 수준에 따라 각각 고연령층, 저학력층, 저소득층에서 더 많았다는 사실이 밝혀졌다.[26] 즉 사회적 약자층이 많은 지역에서 브렉시트를 선택한 것이다. 65세 인구가 많은 30곳 중에 불과 두 곳만이 EU 잔류를 택했고, 나머지 브렉시트를 선택했다. 33쪽의 도표들은 연령에 따른 투표 결과를 보여준다.

6월 23일 국민투표에서 나타난 것처럼 반유럽 정서는 젊은 세대보다도 과거에 대한 기억, 특히 대영제국에 대한 향수가 있는 노년층에서 두드러지게 나타난다. 투표 결과가 말해 주듯이, 65세 이상의 참여율이 90%가 넘는 만큼, 브렉시트를 관철시키는 데 이 연령대의 투표가 주효했다. 아래 표에서 보듯이, 65세 이상의 유권자의 61%가 브렉시트를 지지한 반면 18~24세 유권자의 75%가 브렉시트를 반대한 것과 확연하게 대비된다.

6월 23일 EU 국민투표에서 찬반을 양분하는 핵심 요소는 교육 정도에 따른 계층 차이였다. 이는 선거 결과에 그대로 드러났다. 대

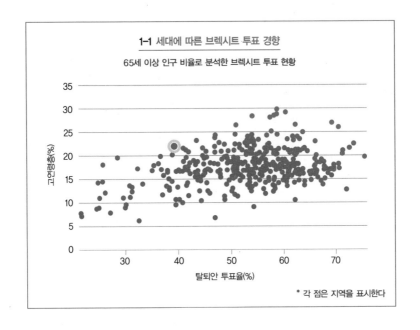

1-1 세대에 따른 브렉시트 투표 경향

65세 이상 인구 비율로 분석한 브렉시트 투표 현황

고연령층(%) / 탈퇴안 투표율(%)

* 각 점은 지역을 표시한다

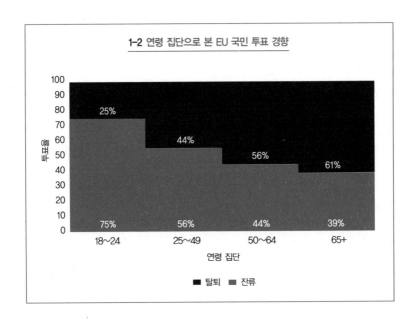

1-2 연령 집단으로 본 EU 국민 투표 경향

투표율 / 연령 집단

■ 탈퇴 ■ 잔류

학 출신자가 주민의 과반수가 넘는 지역 35곳 중에 3곳 만이 브렉시트를 선택했다. 대학 학력 소지자들이 EU 잔류를 가장 원한 유권자 그룹인 반면, 중학교 학력 소지자들이 가장 많이 브렉시트를 지지했다. 다시 말해 교육 정도가 높을수록, EU 잔류를 지지하는 비율이 높았다.[27]

실제로 영국의 많은 대학 도시들은 '잔류'에 표를 행사했다. 뉴캐슬, 요크, 노팅엄, 노리치, 케임브리지, 브라이튼, 워릭, 엑서터, 브리스톨, 레딩, 옥스포드, 카디프 등 친EU 성향의 대학 도시들이 이에 해당한다. 케임브리지의 경우 잔류와 탈퇴가 74:26으로 브렉시트 반대가 압도적으로 많았다.[28]

교육 수준이 민주주의에서 양분화 될 수 있는 요소로 적용될 가능성에 대해 언급한 케임브리지대학교 데이비드 런시만 교수는, "교육 수준이 낮을수록 자신들의 삶과 경험에 대해서 알지 못하는 지적 속물들의 통치를 받는 것을 두려워하고, 반대로 교육받은 사람들은 자신들의 운명이 세계가 어떻게 작동하는지 모르는 무지한 사람들에 의해서 좌우되는 것을 우려한다"라고 주장한다.

브렉시트 찬성 진영에 있는 보수당의 마이클 고브 법무부장관은 선거 운동 기간에 유권자는 투표 결과에 이해관계에 영향을 받는 엘리트의 목소리에 귀 기울이지 말고 자신의 경험에 따라서 스스로 결정해야 한다고 주장했다. 고브 장관이 말한 엘리트는 여기서 국제통화기금(IMF), 잉글랜드은행, 재무부 등에 근무하는 고학력자들을 일컫는다. 고브 장관은 유권자들에게 엘리트들이 강요하더라도 거부할 권한을 행사하라고 요구했고, 그 결과가 6월 23일 선거에서 그대로 나타났다고 해도 과언이 아니다.

조지프 라운트리 재단의 보고서에 따르면 교육 기회가 브렉시트 결정을 이끈 가장 막강한 추진체라고 확인했다. 이 보고서는 유권자의 교육 수준이 투표 방향을 결정하는 가장 큰 단일 요소라고 결론지었다. 영국인에게 유럽 통합은 또 다른 형태의 세계화다. 투표 결과에서 세계화 정도가 교육 수준과 비례한다는 사실을 볼 수 있다. 표1-3은 교육 수준에 따른 투표 결과다.

단순 노동자와 실업자 계층은 영국 인구의 15%와 8%를 각각 차지한다. 이 계층에서 브렉시트를 찬성하는 비율이 높았다. 웨일스

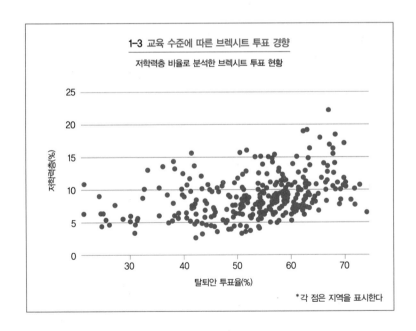

1-3 교육 수준에 따른 브렉시트 투표 경향

저학력층 비율로 분석한 브렉시트 투표 현황

*각 점은 지역을 표시한다

의 블레나우는 영국에서 이 계층 인구가 가장 많은 지역으로 투표한 유권자의 62%가 브렉시트를 찬성했다. 표1-4는 실업자·단순노동자 계층의 투표 결과다.

최근의 영국 유권자들의 유럽 통합에 대한 태도에 대해 데니스 맥셰인은 6월 23일 국민투표 전에 다음과 같이 예지력 있는 관찰을 했다. "유럽에 대한 경멸은 아주 흔한 일이다. 국민투표에서 정치적인 선택은 이성적인 이득과 손실 계산이라기보다 어떤 기관에 대해서 유권자들이 표현하고 싶은 감정적인 요소들에 대한 것이다."[29]

케임브리지대학교 역사학과 토머스 톰스 교수는 브렉시트 선거 과정을 이렇게 정리했다.

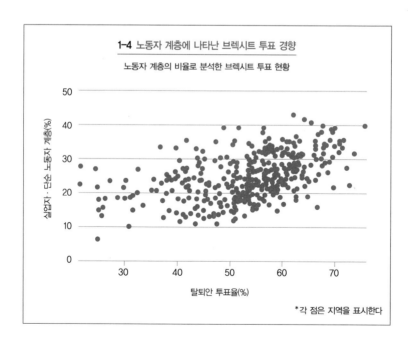

1-4 노동자 계층에 나타난 브렉시트 투표 경향

노동자 계층의 비율로 분석한 브렉시트 투표 현황

(y축) 실업자·단순 노동자 계층(%)

(x축) 탈퇴안 투표율(%)

*각 점은 지역을 표시한다

— 선거 운동 초반의 주요 쟁점들은 물가, 무역, 경제적 전망 등 실질적인 문제들부터 차분하게 접근하기 시작했다. 그런데 선거는 시간이 갈수록 '기득권층에 대한 반란'으로 그 양상이 바뀌었다. 감춰졌던 모든 감정을 끌어냈고, 모든 종류의 억울함이 표출되었다. 반EU 감정이 더해지면서 사람들은 투표가 경제적인 실용성 이상의 것을 담고 있다고 생각했다. 누가 나라를 통치하는지, 독립이 무엇인지, 엘리트들은 적합성을 갖고 있는지에 대해서 의문을 갖게 되었다. 따라서 EU는 자신들을 실망시키는 기관들의 집합체이고 자신들의 말에는 귀 기울이지 않는 집단이라고 결론짓게 된다.[30]

톰스 교수의 관찰처럼 이성적이라기보다는 감정적이었던 6월 23일 국민투표 결과를 종합해보면 다음과 같은 결론에 도달한다.

민주주의와 세계화는 공평한 교육 혜택이 있는 나라에서 기득권층이 기대하는 결과를 얻을 수 있다. 독일과 스웨덴과는 달리, 뚜렷한 계층 구분과 상류층을 위한 엘리트 교육이 존재하는 영국은 여기에 해당되지 않는다. 디지털 시대에 교육의 격차와 지식의 격차는 사회적 갈등 요소가 될 수 있다는 사실이 저학력층의 브렉시트 지지에서 잘 나타난다. 결과적으로 브렉시트는 영국의 고연령층, 저학력층, 저소득층이 기득권 층에 대한 불만을 표출한 '반발 투표'였다.

브렉시트 투표가 진행되는 상태에서 여론 조사는 기관별로 잔류 측과 탈퇴 측의 표 차이가 1%에서 4% 정도로 막상막하로 나온 상황이었다.

주지한 바와 같이 6월 23일 국민투표는 영국의 EU 탈퇴 여부를 결정하는 것이다. 그러면 간단하게 스코틀랜드의 독립을 묻는 2014년 9월 국민투표처럼 '예' 또는 '아니오'로 물으면 되는데, 투표용지는 그렇게 만들어지지 않았다.

여기에 대해서 영국 중앙선거관리위원회는 "당초 '예'와 '아니오'로 하려고 했으나, 그럴 경우 편견을 가질 수 있다는 이유에서 '잔류(Remain)'와 '탈퇴 (Leave)'로 변경했다"[31]라고 하지만 설득력 있게 들리지는 않는다.

다섯 줄로 된 투표용지의 순서를 보면, 둘째 줄에 오직 한 항목에만 "x표 하시오"라고 안내하고, 셋째 줄은 "영국이 EU에 잔류(Remain)해야 하는가 아니면 탈퇴(Leave)해야 하는가?"를 재차 묻고 있다. 그리고 넷째 줄에 '잔류 (Remain)' 칸이 있고, 마지막 다섯째 줄에 '탈퇴(Leave)' 칸이 있다.

흥미로운 점은 알파벳 순으로 해도 L이 먼저인데 굳이 R을 먼저 넣었다는 점

영국의 유럽연합 잔류-탈퇴 국민투표	
오직 한 항목에만 ×표 하시오	
영국이 EU에 잔류해야 하는가, 탈퇴해야 하는가?	
EU에 잔류(Remain)	
EU를 탈퇴(Leave)	

이다. 이는 기득권층이 잔류를 원하기에 기득권 층의 의도에 맞춰 제작된 투표용지라는 것이 나타난다. 즉, 이 투표용지는 은연 중에 유권자들에게 '잔류가 먼저(Remain comes first)'라는 사실을 내포한다. 따라서 잔류와 탈퇴 중에 어떤 것을 택해야 할지 정하지 못한 부동층에게 영향을 줄 수 있다는 추측이 나온다. 그러나 잔류에 기울도록 만들어진 투표용지에도 불구하고 결과는 52:48로 나왔고 EU 탈퇴가 결정되었다.

정체성 위기,
영국인은
유럽인인가?

앙겔라 메르켈 독일 총리는 "유럽은 EU이고, EU는 유럽이다"[32]라고 말한 적이 있다. 유럽과 EU를 동일시하는 경향은 브렉시트를 다룬 책 제목 《유럽, 머물 것인가, 나갈 것인가(Europe: In or Out?)》, 《영국에게 왜 유럽이 중요한가(Why Europe Matters for Britain?)》, 《유럽은 제대로 작동하지 않고 있다(Europe Isn't Working)》 《브렉시트, 영국은 어떻게 유럽을 떠났나(Brexit: How Britain Left Europe)》 등에서도 잘 나타난다.

그러나 이 같은 견해는 유럽 통합을 주도해온 프랑스와 독일 같은 유럽 대륙 국가들의 일반적인 견해이지 영국인을 대표하는 보편적 견해는 아니다. 한 예로, 1951년 처칠 수상은 독일의 콘라드 아데나워 총리를 만난 자리에서 서독 지도자에게 확신을 주기 위해 "영국은 항상 유럽과 나란히 서 있을 겁니다"라고 말했지만, 아데나워 총리는 "저를 실망시키시는군요. 영국은 유럽의 일부입니다"[33]라고 대꾸한 적이 있다.

유럽과 EU를 달리 보는 영국의 애매한 태도는 2013년 캐머런 총리가 브렉시트 문제를 국민투표에 부친다고 발표할 때 재현되었다. 캐머런 총리는 "우리가 EU를 탈퇴한다 하더라도 우리가 유럽을 떠날 수는 없을 겁니다. EU는 수년간 우리의 가장 큰 무역 파트너로 남을 것이고, 영원히 우리의 지리적인 이웃입니다"라고 말했다. 이처럼 캐머런 총리 또한 EU와 유럽을 분명하게 다른 개체로 본다.

제러미 리프킨은《유러피언 드림》에서 "영국인은 자국의 장기적인 이익을 위해 독자적인 노선을 걷는 게 좋을지 더 큰 유럽의 일부가 되는 게 좋을지 확신하지 못하고 모호한 태도를 취하고 있다"라고 언급했다.

영국이 유럽과 거리를 두게 된 역사적 배경을 살펴보자. 기원전 55년 율리우스 카이사르가 영국(당시 브리타니아)을 침공한 후, 영국은 400여 년간 로마의 식민 통치(43~410)를 받았다. 영국인이 로마 지배 속에서 살았던 민족만으로 구성되어 지속되었다면 유럽 대륙과의 동질성을 유지할 수 있었을 것이다. 그러나 로마 점령이 끝난 후 영국에는 앵글로색슨 족이 유입되었고 바이킹이 침입하여, 로마 통치를 받았던 사람들은 새로운 유입 세력과 통혼하면서 점차 로마식 사고와 생활 방식에서 멀어져 갔다.

1066년의 노르만 정복 이후 영국은 가톨릭이라는 종교적 틀 안에서 동질감을 갖고 유럽과 긴밀한 관계를 유지했다. 특히 십자군 전쟁(1095~1291)은 영국을 포함한 유럽의 왕실과 귀족들이 선봉에 나서 십자가 깃발 아래 단결하여 유럽연합군을 유럽 대륙 밖으로 최초로 파견했던 사건이다.

영국은 프랑스와의 100년 전쟁 기간(1337~1453)에 프랑스를 유럽으로 여기며 적대감을 갖게 되었는데, 이때부터 반유럽 정서가 생겼다고 볼 수 있다. 그러던 중 헨리 8세와 로마 교황청과의 관계가 틀어지면서, 급기야 1534년 영국 교회가 로마교황청에서 분리되었다. 이 사건은 유럽과의 첫 결별 선언이었다. 영국식 종교개혁은 이미 500년 전에 유럽과의 단절을 선택했다는 점에서 최초의 '브렉시트'로 볼 수 있다.

이때 헨리 8세가 영국 왕이 영국 교회의 우두머리라고 공포한 '수장령(Act of Supremacy)'은 지금도 유효하다. 그래서 현재 영국 성공회의 수장은 캔터베리 대주교가 아닌 엘리자베스 2세 여왕이다. 이후로 신교 영국은 바티칸과 가톨릭 유럽 국가들이 영국의 힘을 약화시키거나 없애는 데 집착한다고 믿었다. 가톨릭과 신교 국가 간의 30년 전쟁(1618~1648)을 겪은 후 유럽은 더욱 양분되었다.

스페인과 네덜란드가 패권을 다투던 17세기와 18세기에 영국은 이 두 국가를 유럽으로 여겼다. 이어 영국은 식민 패권을 잡은 이후 1815년 프랑스가 워털루 전쟁에서 영국에 패배할 때까지 프랑스 통치하에 있던 유럽을 적대시했다. 이런 배경에서 19세기 초반 영국의 외무장관 조지 캐닝의 발언은 프랑스에 대한 영국인의 편견을 보여준다.

"프랑스인들에게는 단지 두 가지 행동 법칙이 있다. 그것은 우리의 목적을 인지하든지 또는 인지하지 못하든 상관없이 우리를 좌절시키는 것이다."[34]

나폴레옹 퇴위 후 영국은 크림 전쟁(1853~1856)[35]에서 유럽 대륙에 군사적으로 개입할 때까지 유럽의 이웃 국가들과 긴장관계에서 벗어나 있었다. 빅토리아 시대의 대영 제국은 식민 팽창주의에 몰두하느라 유럽에 대한 관심은 오히려 상대적으로 적었다. 그리고 19세기 말까지 영국은 독일을, 같은 신교를 믿으며 프로이센-프랑스 전쟁(1870~1871)에서 프랑스를 물리친 나라로 여겼으며, 독일의 비스마르크 집권기 20여 년 동안 영국은 유럽과는 초연하게 동떨어진 상태로 전 세계 식민통치를 통해서 '화려한 고립'을 만끽했다.[36]

그러나 20세기 들어 1차 세계대전과 2차 세계대전을 겪으면서 영국인은 바다(도버 해) 건너의 유럽 대륙은 독일군의 점령지역으로 여겼고, 유럽에 대한 공포는 적대감으로 증폭되었다. 이처럼 역사적으로 누적된 유럽에 대한 부정적 요소들이 영국 사람들의 의식 속에 여전히 자리잡고 있다.

이런 다양한 배경을 알면 프랑스와 독일이 주도하는 유럽 통합에 거부감 또는 경계심은 뿌리 깊은 영국인의 반유럽 정서에서 비롯된다는 사실에 동의하기 쉬워진다. 이 같은 이유에서 영국은 EU 회원국이면서도 EU 내 주변국의 모습을 보여왔다. 그 예가 바로 유로화를 채택하지 않음으로써 유로존 밖에 있고, EU 내 무비자 여행 관리 체계인 솅겐 지역 밖에 있다는 사실이다. 그런데 영국인은 한 걸음 더 나아가 유럽 통합의 대열에서 이탈하는 '브렉시트'를 택하고 말았다.

케임브리지대학교 역사학과 로버트 톰스 교수는 "EU 탈퇴를 원하는 영국 사람들은 유럽에 대한 회의론뿐만 아니라 잉글랜드적 정체성, 더 나아가 잉글랜드식 국수주의를 표방한다"[37]라고 말하며, 영국 정치 문화에서 그동안 금기시했던 이 정체성 요소가 6월 23일 선거에서 독립당의 극우주의와 함께 중요한 요소로 등장했다고 분석한다. 물론 이민과 난민 문제가 국수주의를 부추긴 것도 사실이다. 왜냐하면 이민자의 존재가 많은 영국 사람들의 일자리와 임금 수준 그리고 복지 혜택에 위협이 되어왔기 때문이다.

브렉시트 투표에서 잉글랜드적임(Englishness) 또는 잉글랜드 정체성이 쟁점으로 등장한 것은 스코틀랜드의 국수주의의 성장이 중요한 요인이 되었다고 톰스 교수는 말한다. 그는 스코틀랜드의 국수주의로 인하여 영국이 와해되고 있음에 대한 경계심으로 보며, 스코틀랜드의 정체성에 비해서 잉글랜드의 정체성은 그동안 부각되지 않거나 인정받지 못한 점이 있다고 설명한다.

구별해야 할 것은 잉글랜드적임(Englishness)와 영국적임(Britishness)의 차이다. 순수하게 잉글랜드 출신 부모를 둔 사람만이 '잉글리시'

라고 자신의 정체성을 표현한다. 스코틀랜드와 웨일스 사람들의 경우도 마찬가지다. 자신을 '영국인(British)'이라고 소개하는 사람은 영국 시민권을 보유한 이민자와 그 후손에 해당된다.

TIP 고립주의 선택한 앵글로색슨 - 브렉시트와 미국 대통령 당선의 의미

국제사회가 여전히 '브렉시트'라는 예상 밖의 선거 결과에 대한 후유증을 앓는 가운데, 도널드 트럼프 후보의 미국 대통령 당선은 향후 세계 경제와 안보 문제에 대한 불확실성을 가중시키고 있다.

브렉시트와 트럼프 당선의 공통된 배경은 보수 진영의 분열이다. 브렉시트에 대해 영국 보수당 내에서 보인 분열 양상은 현재진행형이고, 미국 공화당 내 분열 탓에 트럼프 같은 아웃사이더가 당의 대통령 후보로 나섰다. 양국의 선거에서 모두 백인 노동자들이 그들 안에 잠복해 있던 국수주의를 표출하며 선거의 다른 쟁점들을 압도했다는 것이다. 또한 양국 선거에서 보인 백인 노동자들의 이민자에 대한 반감도 빼놓을 수 없다.

양국이 이 같은 선거 결과에 도달한 이유는 공동체 의식을 바탕으로 노동자의 복지에 중점을 둔 독일의 라인 자본주의와 달리, 금융산업에 의존해 이윤 극대화에 중점을 둔 앵글로색슨식 자본주의가 분배 문제에서 한계를 드러냈기 때문이다.

영국과 미국이 같은 고립주의의 길을 택했다고 해서 양국 관계가 가장 공고했던 마거릿 대처 총리와 로널드 레이건 대통령 시절로 돌아가지는 않을 것이다. 트럼프의 세계관이 테리사 메이 총리의 외골수적 성격 및 제한된 리더십 역량과 결합될 여지가 보이지 않기 때문이다. 반면 국방과 정보 공유에서의 협력은 영국·미국·캐나다·호주·뉴질랜드 5개국으로 구성된 '파이브 아이

즈(Five Eyes)'와 북대서양조약기구(NATO)를 중심으로 실무진 차원에서 더욱 공고해질 것이다.

세계화가 키워드인 21세기 디지털정보화시대에 고립주의를 고수하는 것은 시대에 역행하는 것이다. 게다가 고립주의는 보호무역주의와 상통한다는 측면에서 그간 주도권을 행사해 온 앵글로색슨의 국제적 영향력이 축소될 전망이다.

힘의 균형은 힘의 공백을 허용하지 않는다. 그런 측면에서 두 나라가 택한 고립주의는 힘의 균형에 균열을 초래하고, 여기서 생긴 공백은 다른 리더십으로 채워질 수밖에 없다. 이런 점에서 우리는 향후 국제 역학관계 변화 조짐을 우려의 눈으로 볼 수밖에 없다.

6

도화선이 된
유럽 난민
사태

브렉시트에 영향을 준 주요 변수 가운데 하나가 유럽 난민[38] 사태다. 이미 1990년대 말부터 극심한 가뭄으로 아프리카를 떠나 유럽으로 향한 경제적 난민들이 있었기에, 유럽 난민 사태는 2015년에 등장한 새로운 이슈는 아니다.

유럽 난민 문제의 핵심은 시리아 내전에 의한 난민 문제다. 시리아 내전으로 발생한 것은 사실이나, 보다 근본적으로는 가뭄으로 인해 농사에 어려움을 겪는 지방 거주 수니파 농민들이 살 길을 찾아 수도인 다마스커스로 이주하기 시작했다. 그런데 중앙정부는 도움은커녕 이들을 탄압하고 이로 인한 적대감으로 이들이 반군이 되었고, 내전으로 격화되자 생명과 안전에 위협을 느낀 사람들이 인근 국가인 레바논, 요르단, 터키로 피난 가면서 확산되었다.

전쟁 난민들은 보통 인근 국가로 피난을 갔다가, 전쟁이 끝난 뒤 자국으로 돌아가는 것이 일반적이다. 그런데 2015년 5월 앙겔라 메르켈 총리의 유럽 이외 지역의 난민도 포용한다는 '보편적 시민권' 발언과 프란체스코 교황의 인도주의적 난민 수용론이 나오자, 시리아 난민을 포함한 각국의 난민들이 유럽을 최종 목적지로 삼았다. 결국 난민 문제를 EU 차원의 문제로 다루게 되었고, EU 회원국들이 난민 수용 문제를 공동으로 대처하는 과정에서 회원국 간 의견이 충돌하며 문제가 생긴 것이다.

독일과 스웨덴 같은 적극적 난민 수용 국가가 있는 반면, 폴란드, 체코 등 과거 사회주의 국가들은 난민 수용에 부정적인 국가군이다. 식민 제국주의를 경험한 영국과 프랑스 같은 미온적 태도를 보여 온 국가군이 있다. 특히 영국의 노동자들은 저가의 인건비로 자신들의 일자리를 위협하는 폴란드 출신 노동자들과 갈등을 겪고 있는 상태다. 그러면 유럽 난민 사태가 어떤 영향을 끼쳤는지를 추이와 전망을 통해서 알아본다.

문제 제기

2015년 5월 이래로 세계 언론은 유럽의 난민 문제를 종전보다 더 집중적으로 다루기 시작했다. EU의 난민 수용 문제는 난민의 규모와 예상되는 사회·정치적 여파 그리고 재정적 부담을 감안하면 단기적 대응뿐만 아니라 장기적 측면에서 다각적으로 다뤄져야 하는 점에서 큰 도전이 아닐 수 없다. 필자는 유럽 난민 사태의 본질을 이해하고 추이를 파악하기 위해서 다음의 3가지 질문에 대한 답을 찾는 방식을 취한다.

첫째, EU가 추진하는 공동농업정책, 공동어업정책(Common Fishery Policy, CFP), 공동안보방위정책(Common Security and Defence Policy, CSDP) 같은 많은 공동정책 측면에서, 과연 유럽 공동난민정책이란 것이 존재하는가?

둘째, 추이에 대한 답을 찾는 측면에서, 왜 난민 사태라는 의제가 EU 회원국을 갈라놓는가?

셋째, 전망에 해당되는 질문으로, 유럽 차원의 난민 사태 문제 해결 과정에서 수렴점을 찾을 것인가 아니면 상치점을 보일 것인가?

난민 사태는 최근 몇 년 사이에 부각된 새로운 문제가 아니다. EU는 1990년대 말 지중해를 건너 유럽에 오는 아프리카 경제 난민에 대해서 대처해왔다. 아프리카 난민 유입은 모두 6개 경로로 나뉜다. 시리아를 포함한 중동 국가 지역과 동지중해 경로를 제외하고 나머지 4개 경로는 모두 출발지가 아프리카 국가다.

그러던 차에 2015년 5월 EU는 지중해를 건너오다가 익사하는 난민들에 대한 인도적 차원의 조치로 2만 명의 난민을 EU 회원국에 분산시키겠다는 계획을 제안한 바 있다. 그런데 마찬가지로 같은 시기 독일 메르켈 총리의 보편적 시민권 발언이 시리아 난민을 환영하

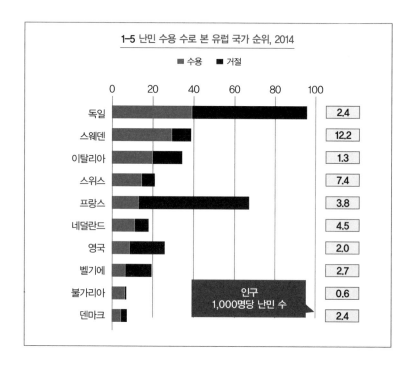

1-5 난민 수용 수로 본 유럽 국가 순위, 2014

■ 수용 ■ 거절

독일	2.4
스웨덴	12.2
이탈리아	1.3
스위스	7.4
프랑스	3.8
네덜란드	4.5
영국	2.0
벨기에	2.7
불가리아	0.6
덴마크	2.4

인구 1,000명당 난민 수

는 신호로 해석된 것이다. 따라서 난민 사태는 2015년 5월 이후 시리아 난민만이 아닌 여타 중동의 난민이 유럽행을 시도하며 대규모로 늘어남에 따라 또 다른 국면을 맞았다.

위의 1-5 도표는 유럽 각국의 난민 수용 순위를 보여준다. 2014년 가장 많은 난민을 받아들인 나라는 독일이지만, 인구 1,000명당 난민 수로 보면 스웨덴이 1위이고, 비EU 회원국으로 스위스가 3위를 차지한다. 반면 프랑스와 영국은 상대적으로 적은 인구 1,000명당 각각 3.8명과 2명이다. 따라서 브렉시트를 촉발한 가장 큰 이유인 난민 문제에 대해 영국인의 반응은 이 통계로만 보면 과민 반응으로 비춰진다. 영국은 EU 차원에서 대처하는 공동난민정책에 무관심하고 비협조적인 것으로 보인다. 과연 영국의 입장은 어떨까?

영국 이민 정책의 속사정

영국은 난민 문제 이전에 이미 수용 한계점에 도달한 동구지역 EU 회원국의 이민 문제로 골머리를 앓는다. 현재 영국에는 EU 지역에서 태어난 303만 명을 포함해 외국인 거주자 828만 명이 살고 있다. EU 출신 외국 거주자 가운데 90만 명이 폴란드 출신이다. 여론 조사에 따르면 영국 국민의 77%가 이민자 수가 줄어들기를 희망한다. 2015년 이민 문제는 영국 사회에서 국민건강보험(NHS)이나 경제 문제보다도 더 심각한 문제로 인식되었다.[39]

가난한 동구 EU 회원국 국민들은 관대한 사회 복지 혜택과 외국인에 대한 통제가 느슨한 영국을 주 목적지로 삼고 있다. EU 단일시장의 핵심인 4가지 자유 가운데 노동력, 즉 사람의 자유로운 통행을 보장한다는 점 때문에 영국도 이들의 이주를 법적으로 막을 수가 없는 상황이다. 2015년 EU 회원국에서 영국으로 이주한 사람은 33만 명으로 최고 기록을 세웠으며, EU 밖에서 온 사람들도 20만 명이나 된다. 한 해에 무려 53만 명이 영국으로 이주한 것이다.

2004년 EU가 폴란드, 체코, 헝가리, 슬로바키아, 발트 3개국 등 과거 사회주의 국가들을 신규 회원국으로 받아들인 뒤, 2011년까지 연간 17만 명이 12개월 이상 영국에 머물기 위해 이주해왔다. 2013년 당시 잭 스트로우 외무장관은 동구 이민자들에 대해 과도기적인 입국 제한 조치를 적용하지 못한 것은 엄청난 실수였음을 인정했다.

2007년 불가리아와 루마니아가 EU 회원국이 되자 영국은 이 두 국가에 대해 7년간의 입국 통제 기간을 두었다. 그런데 7년이 지난 2014년부터 이 두 나라로부터 자유 이동이 급격하게 증가했다. 2015년 현재 루마니아인은 인도인과 중국인 다음으로 세 번째로 영국에 많이 이주하는 그룹이다.

EU 이주자들 가운데 가장 많은 비율을 차지하는 16만5,000명의 루마니아 국적 이주민들이 영국 보험 제도의 혜택을 받고 있고, 그 뒤를 이어 12만2,000명의 폴란드 사람들이 역시 복지 혜택을 받고 있다. 이로 인해 2011년 한 해에만 영국의료보험(NHS)은 18억 유로의 추가 부담을 떠안게 되었다.

EU 이주자들 가운데는 30%가 경제 비활동 그룹으로 학생, 연금자, 구직자, 주부 등으로서 영국 복지 제도의 혜택만 받는 사람들이다. 이를 두고 6월 23일 선거 이후 총리가 된 테리사 메이 전 내무부장관은 유럽 이주민들이 EU의 자유 이동 법규를 남용하고 있어서 "받아들일 수 없는 짐"이 되어간다며 이들을 "혜택만 누리는 관광객"[40]이라고 질타했다.

《유럽, 머물 것인가, 나갈 것인가(Europe: In or Out)》의 저자 데이비드 차터는 "단일시장 내 자유 이동 보장은 모든 회원국이 생활 수준과 수입이 유사할 때 성립되는 것이다. 영국의 국내총생산이 불가리아, 루마니아, 크로아티아 보다 3배가 많은 상태에서 EU 내에서 직업과 교육 그리고 거주지에 대해 자유 이동을 허용하는 것은 어불성설이다"라고 지적한다.

한편, 2015년 한 해에 110만 명의 난민을 수용한 독일 앙겔라 메르켈 총리 주도로 EU차원에서 난민 사태에 공동 대처하면서, EU 회원국에 난민을 일정하게 분산하는 할당제를 도입하려고 했다. 그러나 헝가리와 슬로바키아 같은 회원국은 강하게 반대했다. 당시 영국이 할당제에 참여하지 않은 배경은 셍겐 조약과 함께 난민 수용 법안을 다룬 1997년의 암스테르담 조약에 서명하지 않았기 때문이다. 영국은 합법적으로 난민 할당제에 참여할 필요가 없는 위치다.

더불어 영국은 난민을 처음 도착한 EU 회원국으로 돌려보내는 더블린 규정에도 가입하지 않았다. 이 덕분에 2009년에는 영국에서 난민 신청자가 12%에서 3.5%로 감소했다. 그러나 2015년 예상 밖에 많은 난민들이 유럽으로 오면서 규정은 제대로 작동되지 않았다.

이처럼 영국인은 이미 EU 이민자들을 심각한 사회 문제로 받아들이는 상황인데, 설상가상 난민들의 비행이 더욱 외국인 혐오 현상으로 치닫게 했다. 다름 아닌 2015년 송년회와 2016년 새해맞이 축제에서 독일 쾰른과 다른 유럽 도시에서 난민들이 현지 여성들을 집단으로 성희롱한 사건이 벌어진 것이다. 그 충격은 독일뿐만 아니라 영국에도 영향을 미쳐서 영국 여론이 브렉시트 찬성 쪽으로 기울게 만든 요인이 되었다.

결국, 동구 이민자들에 대한 영국 나름의 속사정을 알게 되면 영국인이 EU 차원에서 대처하는 공동난민정책에 무관심하고 비협조적인 태도를 보이는 것도 일면 이해가 되기도 한다.

TIP 셍겐 지역

셍겐 지역은 유럽 내에서 공동 비자 정책(A Common Visa Policy) 여권과 국경 통제를 철폐한 26개국으로 구성된다. EU 회원국 중에 불가리아, 크로아티아, 사이프러스, 루마니아, 아일랜드, 영국이 빠져 있고, 유럽자유무역연합(European Free Trade Association, EFTA) 4개 회원국인 아이슬란드, 리히텐슈타인, 노르웨이, 스위스가 포함되어 있다.

극우주의-유럽 내 반이슬람 정서의 확산 배경

유럽인의 이민족에 대한 관대한 전통을 로마제국의 느슨한 통치 정책에서 찾기도 한다. 특히 이 같은 전통은 로마제국의 식민지였던 영국의 통치 방식에서 잘 나타난다. 영국은 식민 제국주의 기간에 일본과 같은 민족 말살 정책 같은 악랄한 식민 정책 대신 현지 문화와 전통을 존중해주었다. 그 결과 영국이 1948년 인도와 1997년 홍콩에서 식민지 역사를 마감하고 떠날 때 현지인들이 아쉬운 눈물로 당시 영국 총독과 관료들을 떠나 보낸 사실은 일본과 극명하게 대비된다.

그러나 2001년 9·11 테러 이후 유럽 또한 이슬람 극단주의자들의 테러 공격 목표가 되었다. 바로 2004년 스페인 마드리드 열차 테러와 2005년 런던 지하철 테러가 그 예다. 게다가 2008년 금융 위기와 2010년 그리스 재정 위기로 촉발된 유로존 위기로 유럽인의 경제적 삶은 더욱 각박해졌다.[41]

프랑스에는 600만 무슬림 이민자가 살고 있고, 이는 전체 인구의 10%를 차지한다. 2004년 프랑스는 이미 학교에서 히잡을 착용하는 것을 불법으로 규정하는 법을 통과시킨바 있다. 이런 분위기는 프랑스의 극우 정당 국민전선(Front National)이 지속적으로 득표율을 높이는 배경이 된다.[42]

2009년 벨기에는 공공장소에서 부르카 착용을 금지하는 법안을 통과시켰다. 벨기에는 전체 인구의 6%인 65만 명이 무슬림이다. 특

1-6 2014 유럽의회 내 극우 정당 득표와 의석 수(2009년과 비교)

국가(의원수) -정당	득표율		의석수	
	2014	변화	2014	변화
오스트리아(18)	**20.2**	**+2.9**	**4**	**+2**
-미래동맹(BZÖ)	0.5	-4.1	0	0
-자유당(FPÖ)	19.7	+7.0	4	+2
벨기에(21)	**6.4**	**-4.8**	**1**	**-1**
-국민전선(FNb)	0.0	-1.3	0	0
-국민당(PP)	2.3	+2.3	0	0
-플랑드르이익당(VB)	4.1	-5.8	1	-1
불가리아(17)				
-아타카(Ataka)	3.0	-9.0	0	-2
덴마크(13)				
-덴마크국민당(DF)	26.6	11.8	4	+2
프랑스(74)				
-국민전선(FN)	25.0	18.7	24	+21
독일(96)	**1.0**	**-0.3**	**1**	**+1**
-국가민주당(NPD)	1.0	+1.0	1	+1
-공화당(REP)	0.0	-1.3	0	0
그리스(21)	**12.1**	**+4.4**	**3**	**+1**
-대중정교회연대(LAOS)	2.7	-4.5	0	-2
-황금새벽당(XA)	9.4	+8.9	3	+3
헝가리(21)				
-요비크(Jobbik)	14.7	-0.1	3	0
이탈리아(73)				
-북부동맹(LN)	6.2	-4.0	5	-4
네덜란드(26)				
-자유당(PVV)	13.2	-3.8	4	-1
루마니아(32)				
-국민당(PRM)	2.7	-6.0	0	-3
슬로바키아(13)	**5.3**	**-0.3**	**0**	**-1**
-우리의슬로바키아국민당(L'SNS)	1.7	+1.7	0	0
-국민당(SNS)	3.6	-2.0	0	-1
스웨덴(22)				
-스웨덴민주당(SD)	9.7	+6.4	2	+2
영국(73)				
-독립당(BNP)	1.1	-4.9	0	-2
EU(51)			52	+15

히 수도 브뤼셀에는 30만 명의 무슬림이 거주하고 있으며, 이는 브뤼셀 인구의 26%를 차지한다. 이런 점에서 2015년 11월 13일 파리 테러와 2016년 3월 24일 브뤼셀 테러의 범인들이 브뤼셀의 몰렌비크 지역 출신이라는 점은 우연이 아니다.

1-6 도표는 유럽의회에서 극우 정당의 득표와 의석 수를 2009년 선거와 2014년 선거와 비교해서 보여준다. 14개 EU 회원국의 극우 정당이 유럽의회에 의석을 차지하고, 총 751석 중 극우 정당 의원들이 52석을 차지한다. 이는 지난 선거에서보다 15석 늘어난 것이다.

EU-터키 협상

2016년 3월 19일, 유럽 정상회담에서 터키와 협상을 끌어냈다. 협상 내용의 골자는 터키에 머물고 있는 7만2,000명의 시리아 난민을 EU에서 정착하게 한다는 것이다. 한도 수치를 넘으면 더 이상 이 메커니즘은 작동하지 않고 폐기된다는 점에서 임시적인 조치로밖에 해석되지 않는다. 2016년 3월 20일 〈BBC〉 기사 제목 'EU와 터키 간의 합의에도 불구하고 난민 사태는 결코 끝난 것이 아니다'[43]처럼 단지 미봉책을 내놓은 것에 불과함을 알 수 있다.

주요 합의 내용은 2016년 3월 20일 이후로 터키에서 그리스로 넘어온 모든 난민들은 그리스 당국의 심사를 받은 후 부적합자는 다시 터키로 돌려보낸다는 것이다. 문제는 그 수를 7만2,000명으로 한정한다는 것이다. 터키 정부는 이에 대한 보상으로, 난민을 돕는 비용으로 30억 유로를 EU로부터 제공받는다. 더불어 터키 여권 소지자는 올 6월부터 셍겐 지역에 대한 자유 여행이 허락되며, 그간 별다른 진전을 보이지 못한 터키의 EU 가입 협상도 7월부터 본격 재개된다.

그런데 7월에 실패한 터키 쿠데타가 또 다른 변수로 작용하고 있다. 쿠데타 시도로 인해 터키 정부의 최우선 사안은 EU 가입 협상이 아닌 반 정부 세력의 무력화를 위한 관련자 색출과 체포가 되었다. 11월 22일 유럽의회 특별 회의 내용에 따르면 터키 정부는 11만 명의 공무원을 직위 해제했고, 38명의 야당 국회의원을 제명시켰으며 145명의 언론인을 투옥했다. 터키 정부는 쿠데타에 연루된 책임 처벌과 재발 방지 방법이라고 하지만, EU의 시각에서는 정당화될 수 없는 비민주적 조치라는 결론에 도달했고 급기야 유럽의회는 터키의 EU 가입 논의 자체를 동결한다는 결정을 내렸다.

이 결정에 대해서 에르도안 터키 대통령은 EU가 약속을 지키지 않고 있다고 반발하며, 터키에 머물고 있는 수십만 명의 난민이 유럽으로 가도록 놔두겠다고 경고했다.[44] 쿠데타 정국에 따른 터키의 강경 태도로 볼 때, 난민 문제에 대한 EU 터키간 합의 사항 이행에 난항이 예상된다.

난민 사태 전망

EU는 난민 사태를 EU의 10대 주요 우선 과제로 다루지만, 우선 과제로 다루는 것과 해결책을 찾는 것은 별개의 문제다. EU의 구체적인 조치가 필요하지만 의견 수렴 과정에서 의사합의는 소모적이고 때론 효과적이지 못한 것이 주지의 사실이다.

독일과 스웨덴 같은 EU 회원국은 난민 문제를 긴급하고 적극적인 개입으로 다루는 반면 폴란드, 체코, 슬로바키아, 헝가리 같은 구 사회주의 체제에서 벗어난 지 얼마 되지 않는 회원국들은 미온적이고 수동적인 입장을 보인다. 사회주의의 배급 제도로 인하여 다른 동족을 돌본 경험이 없기 때문이다. 그들은 난민 수용 여부를 단순히 재정적인 문제로 볼 것이 아니라 사회 전통의 문제로 볼 필요가 있다. 이 동구 국가들은 자선에 관해서 자발성이 부족한 문화를 가져왔기 때문이다.

반면 독일과 스웨덴은 냉전 시절 구호와 자선에 모범적이었던 국가들이다. 독일은 1990년 통일되기 전에 동독의 490만 명의 탈출자를 감당했던 경험이 있고, 스웨덴은 중립정책을 표방하면서 1960년대 월남전에서 미군 탈영병부터 1980년대 이란-이라크 전쟁의 전쟁 난민을 물론, 칠레 피노체트 독재 치하를 피해 온 정치 망명자들을 포용했던 경험이 있다.

EU 28개 회원국 중에 독일과 스웨덴 등 10여 개 회원국만이 유럽 난민 사태에 참여하고 있을 뿐, 절반 이상의 회원국들이 미온적이거나 부정적 태도를 보이고 있다. 명목상의 공동난민정책은 있지만 그간 유럽 통합의 원동력이었던 연대감을 모든 회원국에 강요할 수는 없는 일이다. 특히 무슬림 난민을 받아 들이는 문제는 회원국의 문화와 관례에 비추어 EU를 둘로 나누고 있는 것이 현실이다. 이뿐만 아니라 난민 유입에 따른 사회적 통합 문제와 갈등은 2018년 총선에서 극우 정당의 득세를 예상케 한다.

2015년 11월 26일 파리 IS 테러에 이은 2016년 3월 24일 브뤼셀 공항과 지하철 테러, 7월 16일 니스에서 발생한 테러와 7월 26일 프랑스 천주교 신부 살해 사건 등으로 인하여 난민 수용에 대한 유럽인 대다수의 태도는 더는 동정적이지 않고 더욱 부정적으로 선회하여 EU 입장 또한 경색된 국면을 보이고 있다.

결론적으로 유럽 난민 사태는 EU 회원국 간에 수렴점보다는 상치점을 촉발하는 사건으로 이해할 수 있다. 극우 정당의 의석수 증가는 그들의 발언권 확대로 이어져 정치·사회·경제 및 안보 문제에 이르기까지 총체적으로 EU 운영에 부정적 영향을 남기게 될 것으로 전망된다. 이런 차원에서 브렉시트는 EU 내에서 상치점을 더욱 초래한 사건으로서 유럽 통합의 구심력인 정치적 연대감을 흔드는 장애물이 되고 있다.

2장

브렉시트가 가져온
거대한 파장

BREXIT

1

—

영국 경제의
침체

브렉시트 여파는 당장 영국의 국제 신용도 평가에 반영되었다. 브렉시트 투표 직후 3대 신용평가기관은 영국의 국가신용등급을 하향 조정했다. 국가신용등급은 국제 금융시장에서 정부가 빌리는 대출 이자율과 직결된다. 등급이 높을수록 낮은 이자율을 적용 받는다.

피치(Fitch)는 브렉시트로 인해 단기적으로 갑작스러운 성장 둔화가 예상된다며 영국의 신용등급을 AA+에서 AA로 낮췄다. 에스앤피(S&P)는 유일하게 영국에 최고등급 AAA를 줬던 신용평가기관인데, 브렉시트로 두 단계 아래인 AA로 등급을 조정했다.[1] 무디스(Moodys)는 영국의 장기 경제 전망을 '안정적(stable)'에서 '부정적(negative)'으로 바꿨고, 신용등급을 AA+로 조정했다.[2]

브렉시트 국민투표 3개월 후인 2016년 9월 말에 〈BBC〉는 지금까지 무슨 일이 일어났는지를 다루었다. 실제 영국의 EU 탈퇴는 2019년 4월 이후에 이루어지지만 경제 부문에서 브렉시트 여파로 인한 초기 현상들은 앞으로의 본격적인 여파를 짐작할 수 있는 잣대가 되고 있다.

브렉시트에 대한 대응으로 잉글랜드은행은 경제 부양을 위한 여러 가지 조치를 취했다. 그 조치 중에 하나가 8월에 이자율을 0.5%에서 0.25%로 낮춘 것이다. 이는 2009년 이후 첫 인하로써 최저 이자율로 기록된다. 9월 이자율은 그대로지만, 향후에 추가 인하 가능성을 열어두고 있다. 이자율 인하의 효과는 줄어드는 채권 수익률로 인해 늘어나는 연금 적자를 악화시켜왔다는 것이다. 수익률이 저하되면 연금 펀드들이 투자자로부터 받는 수익이 감소한다. 게다가 잉글랜드은행은 추가로 700억 파운드의 양적 완화를 확대하는 조치를 취했다.[3]

건설 부문도 브렉시트의 파장이 체감되는 곳이다. 브렉시트로 인하여 런던과 북잉글랜드를 연결하는 고속철도 건설, 런던 지역 공항 시설 확충, 힌클리 포인드(Hinkley Point) 핵발전소 건설 등 4,050억 파운드에 달하는 영국의 대형 건설 프로젝트들의 사업 전망이 불확실해졌다. 게다가 브렉시트 여파로 영국의 건설 지수가 46에서 45.9로 떨어졌는데 이는 2009년 이래로 최저 수준이다.[4]

EU 탈퇴가 건설 부문의 긴축으로 이어질 수밖에 없는 이유는 영국이 브렉시트로 인하여 지난해 77억 유로를 인프라 사업에 대출해준 유럽투자은행에 대한 접근력을 상실할 수 있기 때문이다.

영국산업협회 대표인 폴 드렉슬러는 "경제 부양 조치의 최선의 방책은 역시 인프라 사업이기 때문에, 만일 브렉시트로 인하여 경기가 더 어려워진다면, 가능손실액을 완화시킬 수 있는 인프라에 대한 투자만이 최선의 방법이다"라고 말하며 고용과 투자로 경기 활성화할 수 있는 방안으로 인프라 건설이라고 제안했다.

브렉시트의 여파로 다국적 기업의 영국 공장과 런던 지사 그리고 영국 기업 본사의 이전 논의가 이루어지고 있다. 포드는 웨일스 공장의 엔진 생산량을 절반으로 줄인다고 발표했다. 더불어 계획했던 투자 액수도 1억 8,000만 파운드에서 1억 파운드로 축소한다고 했다. 그러나 현재 취업 중인 1,800명의 직원은 감원할 계획이 없다고 밝혔다. 포드의 문제는 브렉시트 결정으로 인한 파운드 가치의 절하가 부품 수입 가격 상승으로 이어졌다는 것이다. 웨일스 스케이트 경제장관은 영국 정부가 환율 시장에서 안정을 찾기 위해서는 포드뿐만 아니라 다른 자동차 업계의 회사들도 EU 단일시장 접근에 대한 확고한 보장이 필요하다고 강조했다.[5]

영국에 지사와 공장을 둔 다국적 기업의 이전 계획과 별도로, 브렉시트로 인한 영국 기업들의 탈영국 움직임은 또 다른 형태의 변화다. 영국 경영진의 4분의 3 이상이 브렉시트 투표로 인하여 본사 또는 영업망의 일부를 영국 밖으로 재배치하는 사안을 고려 중이다. 컨설팅기업 KMPG의 영국 경영진 100명을 대상으로 조사한 결과에 따르면 응답자의 76%가 본사 또는 영업 지점을 해외로 옮길 것을 고려 중이라고 했다.[6] KMPG의 사이먼 콜린스 영국 회장은 "영국의 CEO들은 비상대책을 세워서 전례 없는 불확실성에 이렇게 반응하는 것이다"라고 논평했다. 조사 대상인 영국 CEO들의 기업은 연 매출 1억에서 10억 파운드, 고용인원 최소 500명 이상인 영국 기업들이다.

파운드 평가절하로 인해 제조업체들의 수입 단가가 상승했고, 영국인의 해외 관광 비용은 더 비싸졌다. 반면 영국을 찾는 외국 관광객들은 오히려 파운드 평가절하로 인해 혜택을 받고 있다. 여행 분석업체인 포워드키즈에 따르면 브렉시트 투표 이후에 영국을 목적지로 한 항공편 예약이 7.1%나 증가했다고 한다. 또한 아일랜드의 저가 항공사인 라이언 에어는 런던, 맨체스터, 리버풀, 리즈, 스코틀랜드 등을 행선지로 여행하는 해외 방문객이 늘었다고 전한다.

파운드의 폭락과 외환시장의 변화

브렉시트 국민투표 다음 날인 6월 24일 파운드는 폭락했다. 그 이래로 영국 경제와 영국의 EU 관계에 대한 불확실성으로 인해서 8월 15일 1파운드는 3년간 최저치인 1.2869달러를 기록했고, 여전히 낮은 수준에 머물러 있다. 미국 중앙은행이 이자율을 유지함에 따라 9월에는 달러에 대한 파운드 가치가 약간 상승했지만 파운드는 1년

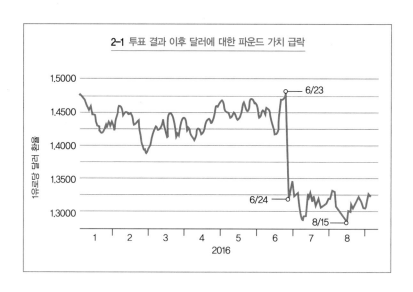

2-1 투표 결과 이후 달러에 대한 파운드 가치 급락

전에 1.57달러였는데 9월 30일 1.29달러에 거래되었다. 파운드는 유로에 대해서도 평가절하된 상태다. 1파운드는 1.15유로로서 1년 전 1.35유로에 비하면 가치가 하락했다.

그런데 차에 10월 6일 하루 사이에 파운드는 달러에 대해 10%나 폭락하면서 1파운드 가치가 1.18달러로 떨어졌다.[7] 국제 환율 시장을 흔들어 놓은 이 현상에 대해서, HSBC은행의 환율 전문가들은 2017년 말까지 1파운드는 1.10달러로 평가절하될 것이라고 전망했다. 뉴욕 멜론은행의 분석가들은 그보다 빠른 2017년 8월에 그 수준에 도달할 것이라고 말했다. 이뿐만 아니라 HSBC은행 환율 전문가들은 2017년에 1파운드 가치가 1유로가 될 것이라고도 예측했다. 참고로 2002년 1월 유로가 실제 통화로 통용되기 시작할 때 1파운드의 가치는 1.64유로였다.

잉글랜드은행은 10월 6일의 파운드 폭락 원인을 조사할 것이라고 밝혔다. 여기에 대해서 필립 해먼드 재무장관이 환율 시장이 브렉시트라는 변수로 실랑이를 벌이고 있기 때문에 파운드 폭락은 다시 반복될 수 있다고 경고했다. 그러나 해먼드 장관은 폭락의 원인에 대해 기술적인 문제로 벌어진 일이고, 환율 시장은 외부 요인에 따라 오르고 내린다며 크게 문제 삼지 않는 태도를 보였다.

TIP 환율 전쟁: 환투기 세력의 정체와 위력

환율 전쟁은 글로벌 유동성이 가져 온 결과다. 문제는 환율 전쟁이 단순히 각국의 중앙은행 간에 이자율과 통화량 조절에 따른 머리 싸움이 아니라 단기 투기성자금, 즉, 핫머니가 큰 영향력을 행사하고 있다는 점이다. 국제 외환 시장에서 핫머니를 운영하는 주체는 다름 아닌 환투기 세력이다. 사실 환투기 세력에 대한 부작용을 최소화하는 것이 정부의 역할이지만 IMF도, 각국 재무부도 이들 환투기 세력을 통제하지 못하는 실정이다.

환투기 세력의 대표 주자는 1992년 영국 중앙은행을 상대로 환투기를 벌여 10억 달러의 단기 차익을 챙긴 조지 소로스다. 소로스는 1995년에 파생상품인 키코(KIKO)를 만들어 일본 엔화를 공격해 추산되지 않는 수익을 올린 바 있다. 1998년 동남아시아를 뒤흔든 외환위기의 배후에도 그가 있었다.

아시아 각국 중앙은행들은 이렇게 자본 동원 능력에 있어서 타의 추종을 불허하는 환투기 세력의 담합 위력을 무시하고 이들과 정면으로 맞서기 일쑤다.

유럽 재정 위기에 앞서 월스트리트의 헤지펀드들이 비밀 회동을 갖고 유로를 공격하기로 했다는 보도들이 잇따랐다. 〈월스트리트저널〉과 〈뉴욕타임스〉는

2012년 2월 소로스를 필두로 한 헤지펀드들이 일제히 유로 폭락 및 그리스 파산에 베팅을 하기 시작했다고 보도해 파문을 불러일으켰다. 〈블룸버그통신〉의 익명 소식통에 따르면 소로스가 이끄는 소로스 펀드 매니지먼트(Soros Fund Management LLC), 골드만삭스 산하의 폴슨 앤 컴퍼니(Paulson & Co), SAC 캐피털 어드바이저스(SAC Capital Advisors LP), 그린라이트 캐피탈(Greenlight Capital Re Ltd) 등 대형 헤지펀드 임원들이 2010년 2월 8일 맨해튼의 타운하우스 레스토랑에서 비밀 회동을 갖고 유로화에 대한 투기를 논의했다고 전한다.

이 비밀 회동은 연구 투자 자문회사인 모네스 크레스피(Monness Crespi)와 하트 앤 컴퍼니(Hardt & Co)가 주선했다. 이 비밀 회동의 23개 의제 중에 하나가 유로화에 대한 베팅이었다. 특히 SAC 캐피털 어드바이저스의 포트폴리오 담당이사가 이 베팅을 부추기며 참여를 독려했다고 전한다. 이날 저녁 회동 후 연구보고서가 모네스 크레스피를 통해서 수백 명의 헤지펀드 고객들에게 전달되었다. 이 보고서에는 유로가 달러와 같은 1:1환율이 될 것이라는 전망을 담고 있었다.

미 법무부는 2010년 2월 8일 모임이 증권거래에서 불법으로 보는 내부자거래처럼 담합에 해당되는지 조사할 것이라고 했다. 그러나 여러 회사가 고의적으로 담합했다는 것을 증명하기는 어렵고, 실제로 월스트리트 금융기관에 대해서 담합으로 기소한 경우는 거의 없다. 이 회동에 대해서 CNBC 방송에서 모네스 크레스피의 사장 닐 크레스피와 인터뷰를 시도했지만 성사되지 않았다.[8]

환율 전쟁이 벌어지기 전에 이들이 만나서 아시아 외환에 대해서 공동 전선을 폈다는 보도는 아직 없다. 그런 모임이 있었을 것이라는 것에 심증은 가지만 실제 보도는 없는 상태다. 그러나 이들의 알리바이를 추적하면 환투기 세력의 회동이 어떤 형태로든 있었을 것이라는 점에 대해서는 의심의 여지가 없다. 환율 전쟁이 소강 국면에 들어갈 때쯤이면 월스트리트에 정통한 〈블룸버그통신〉이나 〈월스트리트저널〉을 통해 보도되거나, 이들 시장 세력과 가까운 금융인의 저서를 통해 이 회동 사실을 확인할 수 있을 것이다.

금융 허브 런던 시티의 위상 변화

브렉시트의 여파가 세계 금융 중심지로서의 런던의 위상에 어떤 영향을 줄 지가 어떤 분야 보다도 큰 관심을 끄는 이유는 영국이 유럽 금융 서비스 산업에서 70%의 시장 점유율을 보인다는 사실 때문이다. 그 중심에 있는 런던 시티는 영국 국내총생산의 8%를 점유한다. 영국에서 영업 중인 외국 은행 수는 481개로, 미국의 287개와 독일의 242개 그리고 일본의 92개보다 크게 앞선다. 대부분의 외국 은행들이 런던에 위치하고 있어 실제로 뉴욕 월스트리트보다 더 많은 외국 금융기관이 런던 시티에 있다.[9]

2010년 1월 〈시사저널〉 기고를 통해서 필자는 런던 시티에 외국 은행이 자리잡은 배경이 EU 단일시장에 대한 접근성이라는 점에서 이렇게 설명했다.

━━ 런던 시티는 비영국계 은행들이 주도하는 가장 큰 오프쇼어(off-shore) 금융 서비스 센터다. 영국에 남아있는 제조업은 비에이이 시

스템즈(BAE Systems) 같은 방산업체를 제외하고는 대형 외국 업체들로 즐비하게 채워져 있다. 이들 업체들은 영국이 영어로 소통이 가능해서라기보다는 EU 회원국이기 때문에 영국에 현지 법인을 설립한 것이다.

2011년에 유럽중앙은행(European Central Bank)은 런던 금융 분야의 핵심인 런던어음거래소(LCH Clearnet)[10]가 유로로 표시된 금융 상품을 시장의 5% 이상 거래하게 된다면 유로존에 위치해야 한다고 요구한 적이 있다. 영국 정부는 런던 시티를 지키기 위해서 유럽중앙은행을 유럽사업재판소(European Court of Justice)에 즉각 제소했다. 영국 정부가 가만히 있었다면 유럽중앙은행의 요구에 의해서 런던어음거래소의 일부가 유로존 지역으로 이전할 뻔했다.[11] 런던어음거래소는 세계 최대의 어음교환소로서 런던증권거래소의 주식 거래의 대부분을 처리하고 파생상품을 거래하는 곳이다.

런던 시티는 런던은행간제시금리(London Interbank Offered Rate, LIBOR)[12]가 결정되는 곳이고, 세계 외환 거래의 3분의 1이 이루어지며 EU의 전체 외환 거래의 78%와 헤지펀드 운영의 85%가 거래된다.[13] 보험 부문에서도 영국의 해상 운송과 항공 운송 보험의 순수 프리미엄 비중은 세계에서 가장 크다. 증권 부문에서도 런던은 500여 개의 외국 증권사들이 영업하고 있고, 국제 채권시장 거래의 70%가 런던에서 이루어진다.

2015년에 런던은 뉴욕을 제치고 세계 최고의 금융 허브로 등극

했다. 런던은 컨설팅그룹 Z/Yen의 조사 결과에서 최고의 비즈니스 환경, 가장 잘 개발된 금융 센터, 가장 인상적인 인프라, 최고의 인력 수급 등 모든 분야에서 최고 점수를 받았다. 주목할 만한 평가 요소 중에 보수당의 집권과 스코틀랜드 독립 투표 부결 같은 안정된 정치 환경이 런던을 세계 최고의 금융 중심지로 만들었다는 점이다.[14] 결국 브렉시트가 가져 온 불확실성이라는 요소가 영국 경제에 더해짐으로써 향후 런던의 위상에 부정적인 영향을 줄 것으로 보인다.

런던 시티가 단일시장과 EU 안에 있어야 하는 두 가지 이유가 있다. 단일시장에 남기 위해서 노르웨이가 유럽경제지역(European Economic Area, EEA)를 체결한 전례를 따른다고 해도, EU 회원국이 아니기에 규정을 만들 때 영국은 발언권이 없다. EU 회원국과 유럽경제지역 회원국가만이 위치한 국가에 있는 회사가 다른 EU 국가와 금융 서비스를 하기 위해 필요한 패스포트를 제공한다. 이런 이유로 단일시장 회원국이 아닌 스위스의 대형 은행들이 런던 시티에 자리 잡고 있다. 영국이 단일시장 내에 없다면, 영국 은행과 보험회사 그리고 헤지펀드들은 다른 EU국가로부터 패스포트를 받아야 한다.[15]

도이체방크의 존 크라이언 사장은 "EU 채권 거래의 상당 부분이 런던 시티에서 이루어 지기 때문에 브렉시트는 런던 시티가 금융 허브로서 타격을 받게 할 것이다"라는 주장을 한 적이 있다. 그러나 그는 영국의 EU 탈퇴 결정에도 불구하고, 런던과 영국이 향후 10년 간은 유럽의 최고 금융 센터로 남을 것이라고 전망했다.[16]

한편, 월스트리트의 세계 최대 투자 회사인 블랙록의 롭 카피토 회장은 브렉시트로 인하여 영국 금융 서비스 산업이 타격을 입을 수 있다고 경고했고, 모건스탠리의 콜름 켈레허 회장은 지금 당장의 걱정은 영국에 추가로 투자를 할지 안 할지를 결정하는 것이라고 말했다.[17]

EU 내 영국 직원들의 불안한 미래

브렉시트가 가져오는 파장 중에 하나가 영국에 거주하는 300만 명의 EU 시민들과 EU 회원국에 거주하는 200만 명의 영국인에게 있을 변화에 관한 것이다. 브렉시트 결정으로 인해서 EU에 살고 있는 영국인이 현재의 권리를 유지할 수 있을지 아니면 EU 밖의 이민자들과 같은 대우를 받을지 여부다.

이러한 불안감을 가장 첨예하게 느끼는 사람들은 EU 기관에서 일하는 영국 출신의 유로크랏(Eurocrat, EU 공무원을 부르는 명칭)들이다. 브렉시트 과정이 아직 진행되지도 않은 상태지만, 영국 출신의 EU 공무원들은 영국의 EU 탈퇴가 자신들의 직장뿐만 아니라 연금, 세금, 자녀 교육까지 어떤 여파가 있을지 고민하고 있다. 기존의 영국 직원들의 일자리가 브렉시트 이후에 보호받는다고 하더라도, EU 기관에서 영국 직원 수가 줄어들고, 결국 한 명도 남지 않을 것이라는 것은 기정사실이다. 6월 23일 투표 이후 EU 집행위원회 융커 위원장과 유럽의회 슐츠 의장은 영국 유로크랏의 일자리를 지켜줄 수 있다고 말했으나, 많은 영국인 EU직원들은 그러한 약속이 지켜질 것인지에 대해서 의구심을 갖고 있다.[18]

영국 출신 EU 직원들이 벨기에에 거주한 기간에 근거해서, 주요 3개 기관에 근무하는 영국인이 벨기에에 제2의 시민권을 신청하는 방법을 강구 중이다. 현재 정해진 할당수가 없기 때문에, 만약 영국 출신 EU 직원들이 벨기에 시민권을 신청하게 될 경우 EU 기관에 너무 많은 벨기에 사람들이 근무하게 될 수도 있다는 우려를 낳고 있다. 조기 퇴직 또한 EU 영국 직원들을 위한 옵션 중에 하나다. 유럽의회에 근무하는 영국 직원의 평균 나이는 50세이고, 유럽집행위원회의 경우는 55~59세다. EU에 언제부터 근무했느냐에 따라서 60세 전후로 퇴직할 수 있지만, 신규로 고용된 영국 직원은 65세까지 근무하고 퇴직할 자격이 주어지지 않는다.

현재 EU에 근무하는 영국인 수는 인구대비로 볼 때 적은 수다. 6,000만 명의 영국 인구는 EU 전체 인구의 12.7%를 차지하는데 비해 EU 내 영국 직원 비율은 5% 이하다. 구체적으로 유럽의회 행정직에 255명의 영국 직원이 근무하고, 이는 전체 유럽의회 고용인 수 7,600명의 3.8%에 불과하다. 유럽이사회에는 영국 직원이 86명으로 전체 고용인 수의 2.6%다. 유럽집행위원회의 경우 임시직을 포함해서 1,057명의 영국 직원이 근무하고, 이는 전체 직원의 4.5% 수준이다.

그러나 영국 출신들이 고위직에 차지하는 비율은 높다. 유럽집행위원회 임원 128명 가운데 13명이 영국인이다. 인구 8,000만 명의 독일 출신이 20명, 인구 6,500만 명의 프랑스 출신이 11명인 점을 감안하면 높은 비율이다.[19] 그러나 1990년대 이후 영국 출신이 EU 최고위직을 맡은 적은 없다. 영국 출신이 EU 기관의 최고위직을 역임한 전례는 로이 젠킨스가 1977년에서 1981년까지 유럽집행위원회 위원장직을, 그리고 플럼브 경이 1987년에서 1989년까지 유럽의회 의장직을 맡은 경우다.

브렉시트는 EU에서 근무하는 영국 출신 직원들의 위상에 직접적인 타격을 준다. 이뿐만 아니라 영국인은 EU 회원국으로서 누려온 EU 기관에 향후 취업할 기회를 잃게 된다는 점에서 영국 우수 인력의 국제기구 취업 기회가 대폭 줄어든다.

대학교 연구비 수혜와 교육 프로그램 참여 문제

영국은 EU가 제공하는 연구 기금의 두 번째 큰 수혜국가다. 2007년에서 2013년 동안 영국의 대학교와 연구소는 유럽연구이사회(European Research Council)의 총 지원금 75억 유로 가운데 14억 유로를 받았다.[20] 그러나 브렉시트 이후, EU의 연구 지원금과 에라스무스(European Region Action Scheme for the Mobility of University Students, ERASMUS) 학생 교환 프로그램이 지속될지는 불확실하다. 따라서 영국 정부는 이 연구 지원금을 대신할 대체 재원을 마련해야 되는 상황이다.

영국 대학교들의 연구 기금 신청은 여타 EU지역의 대학교들보다 독일 다음으로 경쟁력이 있었다. 영국은 2007년에서 2013년까지 61억 유로를 받았는데, 이 금액은 영국이 EU에 내는 분담금에 해당되는 액수로서, 영국 연구 수입의 10%를 차지한다. 구체적으로 케임브리지대학교는 전 세계에서 4번째로 많은 연구 기금을 받는 기관으로 위 기간에 3억7,000만 유로 이상을, 뒤이어 옥스포드대학교는 약 3억7,000만 유로를 지원받았다. 상위 10개 대학에 든 영국 대학교는 UCL이 7위로 3억900만 유로를, 임페리얼컬리지가 2억9, 600만 유로로 9위를 차지했다. 이 점에서 영국의 EU 탈퇴는 영국 대학교의 연구 지원금과 연구 기금의 감소를 초래할 위험이 있다.

영국 대학교에 재학 중인 EU 국가의 학생 수는 2011/12학년도에 13만2,000명으로 가장 많았다. 그러나 2015년부터 연 학비 9,000파운드 전액을 내게 되자, 그 수가 12만5,000명 대로 감소했다. 이렇게 되자 EU 지역 대학교들은 영국에서 학비 부담을 느끼는 영국 학생을 유치하기 위해서 영어로 진행되는 과목을 개설했다. 덴마크와 스웨덴은 학부 과정에서는 영국 학생들에게 학비를 면제해 주고, 네덜란드 대학에는 저렴한 학비로 입학이 가능하다. 마스트리흐트대학교 같은 경우 영국 학생들에게 2016/17 학년도에 수업료를 1,984유로로 인하했다. 참고로 비EU 학생이 마스트리흐트대학교를 다니기 위해서는 전공에 따라 7,500유로에서 1만 유로의 학비를 내야한다.

1987년 시작된 에라스무스 프로그램 덕분에 약 20만 명의 영국 학생들이 유럽에서 공부할 수 있었다. 2012/13학년도에 1만4,572명의 영국 학생이 에라스무스 혜택을 받았고, 영국에 온 유럽 학생 수는 2만7,182명으로 두 배에 가깝다. 에라스무스 프로그램은 2014년에서 2010년의 EU 예산에서 40% 증액된 부문으로 147억 유로에 이른다.

브렉시트로 다른 EU 회원국에서 교환학생으로 지내는 동안 학자금을 제공하는 에라스무스 프로그램이 중지될 경우, 유럽 학생들에게도 피해가 있다. 브렉시트 지지자들은 영국 학생이 유럽 대학에 가는 것보다 유럽 학생들이 영국 대학에 오는 경우가 많기 때문에 이들이 학비 전액을 내면 이득이라고 주장한다. 그러나 브렉시트 이후에는 EU 국가의 학생들이 전액을 내고 영국 대학에 오는 경우는 줄어들 것이기 때문에 영국 대학교에는 커다란 손실이 된다.

더군다나 유럽 학생들은 자비가 아닌 정부의 대부 제도에 의존하기에 더욱 그렇다. 영국이 EU를 탈퇴할 경우 학자금 대출 기관인 SLC(Student Loan Company)는 더 이상 영국에 있는 EU 국가의 학생들을 지원할 필요가 없게 된다. 반면, EU 지역 학생들의 영국 대학 지원 희망자수 감소는 영국 명문 대학교의 입시 경쟁 벽이 낮아지게 해 한국을 포함한 비 유럽 국가의 유학생들에게 영국 대학교와 대학원 진학이 더 쉬워질 전망이다.

영국이 EU 탈퇴에도 불구하고 기존의 EU 연구비를 받을 수 있는 방법은 노르웨이와 스위스처럼 EU와 개별 협상을 통하는 것이다.

스위스의 경우 EU 연구 프로그램에 2007~2013년 기간에 14억 유로를 납부했다. 이는 전체 연구비의 3%를 차지한다. 그러나 스위스는 연구 지원금으로 18억 유로를 받았다.

BREXIT

2

—

새로운 내각과
리스본 조약 50조

리더십 교체: 메이 총리 내각의 변화

브렉시트가 가져온 정치적 변화는 무엇보다도 집권 보수당의 리더십 교체다. 보수당 내의 유럽 반대 진영을 잠재우기 위해 내놓은 카드였던 브렉시트 국민투표 결과가 예상과 다르게 나온 것에 대한 책임을 지고 캐머런 총리는 선거 다음 날인 6월 24일 사임했다. 보수당 내 경선을 통해 7월 13일 테리사 메이 내무부장관이 총리직을 승계했다.

실제로 당내 경선은 브렉시트 진영의 대표격인 보리스 존슨이 빠져 예상 밖으로 시시하게 진행되었다. 보수당 내 브렉시트 찬성 의원들의 다수가 지지했던 차기 주자는 안드레아 레드섬이었다. 그런데 경선 도중 〈더 타임즈〉와의 인터뷰에서 "아이가 없는 테리사 메이보다 아이를 키워본 엄마인 내가 영국의 미래를 맡는 것이 적합하다"라고 한 말이 논란이 되어 중도 하차하는 바람에 메이가 경쟁자 없이 당권을 잡게 된 것이다.[21]

영국 의회 역사상 마거릿 대처 총리에 이은 두 번째 여성 총리인 메이 총리는 브렉시트 협상이 시작되면 영국이 EU와 좋은 협상을 이끌어낼 수 있다는 자신감을 앞세워 강경한 협상가로서 자신을 부각시켰다. 메이 신임 총리는 보수당의 야당 시절 외교와 재무 부서에서 주요 정책을 입안했고, 2010년 5월 이래 6년간이나 내무장관을 맡았다. 내무장관 시절 급진 이슬람 사제 아부 카타타를 요르단에 송환했던 것이나, 미국 정부를 분개시키면서까지 컴퓨터 해커 게리 맥키논의 송환을 막았던 소신파로 평가받는 정치인이다.[22]

7월 14일 새로운 내각이 구성되기 시작했는데, 총리를 포함한 23명의 각료 중에 과반수가 넘는 15명이 브렉시트 찬성 측에 섰던 의원들이다. 80쪽의 2-2표는 새로 구성된 영국 각료들이다.

메이 내각에서 브렉시트 협상을 맡을 다섯 명의 장관 중 재무장관과 내무장관 2명은 잔류를 주장했고, 외무장관, 무역장관, 브렉시트장관 3명은 탈퇴 진영이었다.[23] 내각의 총 책임자인 메이 총리가 잔류를 지지했던 점에서 브렉시트 협상팀의 구성은 3:3으로 균형을 이루고 있다.

리암 폭스 통상장관과 데이비드 데이비스 브렉시트장관은 브렉

테리사 메이 내각

테리사 메이
영국 총리

필립 해먼드
재무장관

보리스 존슨
외무장관

엠버 러드
내무장관

데이비드 데이비스
브렉시트장관

마이클 펠런
국방장관

리암 폭스
통상장관

엘리자베스 트루스
대법관 법무장관

에반스
상원대표

제레미 헌트
보건장관

저스틴 그리닝
교육장관

크리스 그레일링
교통장관

카렌 브레들리
문화체육장관

앤드리아 리드섬
환경장관

데미안그린
노동연금장관

사지드 자비드
지방자치장관

제임스
브로큰샤이어
북아일랜드장관

알런 카이언스
웨일스장관

데이비드 먼델
스코틀랜드장관

패트릭 맥러플린
당의장

데이비드 리딩턴
서민원 대표

그레그 클라크
상업에너지산업
전략 장관

프리티 파텔
국제개발장관

(출처: Theresa May's cabinet:
Who's in and who's out,
〈BBC〉 14 July 2016)

시트 지지자들이었지만 새로운 장관직의 책임 영역을 두고 마찰을 빚어온 것으로 알려졌다.[24] 이 점에서 런던정경대(LSE) 크리스토퍼 코커 교수는 보리스 존슨과 이 두 장관들은 서로 싫어하는 관계로 메이 내각에서 함께 일하기 어려운 조합이라며, 이들 중에 끝까지 남게 될 사람은 데이비스 브렉시트장관일 것으로 전망했다.[25]

리스본 조약 50조의 발효 시점

브렉시트 다음 단계는 리스본 조약 50조에 명시된 수순을 따른다. EU를 탈퇴하는 정식 절차도 리스본 조약에 명시되어 있다. EU를 떠나기를 희망하는 회원국은 우선 EU에 탈퇴 의사를 밝혀야 하고, 이 통보 후 탈퇴 희망국과 나머지 EU 회원국 간에 탈퇴 협정을 위한 협상이 시작된다. 탈퇴 협의가 효력을 발생하는 날 공식적으로 EU를 떠나게 된다. 만일 합의를 보지 못하면 통보일로부터 2년 후에 EU를 탈퇴하게 된다.[26]

브렉시트 문제를 위해 새로이 임명된 데이비드 데이비스 브렉시트장관은 "영국은 내년 1월 1일 전후로 EU 탈퇴 수순을 정식으로 착수할 수 있어야 한다"[27]라고 말했다. 그는 또한 신속하면서 신중한 접근을 주장하며 EU 탈퇴 시점을 2018년 12월 목표로 한다고 말했다. 브렉시트와 관련하여 영국이 최우선 순위로 해야 할 일은 비 EU 회원국가들과 무역 협정을 맺는 것이라고 강조한 것이다. 메이 총리는 리스본 조약 50조는 2016년 말 전에는 개시하지 않을 것이라고 언급한 바 있다.

영국의 주간지 〈이코노미스트〉는 테리사 메이가 총리직을 맡은 후 열린 첫 보수당 전당대회를 보도한 기사에서 "메이 총리는 그간 지루하게 해왔던 '브렉시트는 브렉시트다'라는 주문 같은 정치 공약을 더 이상 반복할 수 없었다"[28]라며 서두를 시작했다. 왜냐하면 총리직을 맡은 7월 이후로 구체적인 브렉시트 방안을 내놓아야 할 시점에 다다랐기 때문이다.

마침내 메이 총리는 2016년 10월 2일 보수당 총회 기조 연설에서 리스본 조약 50조의 발동 시점을 2017년 3월 말이라고 발표하면서, 1972년 제정된 유럽공동체법을 폐지하는 법안을 상정할 것이라고 밝혔다. 메이 총리는 새 법안 명칭을 '폐지 대장전'[29]이라고 부른다. 유럽공동체법은 영국 EU 가입의 근거가 되는 법률이다. 폐지 대장전은 이 법을 무효화함으로써 브렉시트 가동을 법제화하자는 것이다.

메이 총리가 언급한 리스본 조약 50조는 EU 탈퇴 절차를 담고 있으며, 이 조항에 따라 탈퇴 협상은 영국이 EU에 탈퇴 의사를 공식 통보한 뒤 2년 동안 진행된다. 합의가 안 되면 영국은 2년 뒤 자동으로 EU를 탈퇴하게 된다. 나머지 EU 회원국이 만장일치로 동의하면 협상 기간이 연장될 수도 있다. 일부 보수당 의원은 리스본 조약 50조의 발동 시점을 2017년 5월 프랑스 대통령 선거 이후 또는 9월의 독일 연방 총선거 뒤로 미룰 것을 조언했다. 이런 조언을 묵살한 채,

메이 총리는 영국의 EU 탈퇴가 관세동맹과 단일시장을 동시에 떠나는 하드 브렉시트(hard Brexit)의 형태가 될 것이라는 점을 보다 확실하게 했다.

2016년 10월 8일자 영국 주간지 〈이코노미스트〉는 메이 총리에 대해서 다음과 같이 조언했다.

"이민, 주권, EU 법원의 사법권 등에 강경 태도를 보였다. 그러나 이 같은 국내적인 정치 수사가 브렉시트 협상에서 최상의 결과를 끌어내는 데 저해 요소가 될 수 있다는 점을 알아야 한다. 최상의 협상을 위해서 이민 문제에 대해서 융통성을 가질 필요가 있다."[30]

프랑스의 대통령 선거 분위기에 따라, EU의 주요 회원국들은 영국과의 협상을 진행하지 않을 국가가 있을 가능성도 크다. 게다가 EU 지도부는 영국이 단일시장 접근을 원한다면, EU로부터의 노동력 자유 이동을 받아들여야 하고, EU 분담금도 지불해야 하며 발언권이 없는 상태로 단일시장에 관한 규정을 모두 엄수해야 한다는 강경 입장을 고수하고 있다.

브렉시트를 둘러싼 보수당 내 강경파와 온건파의 논쟁과 갈등이 불거지고 있다. 강경파는 EU 단일시장에 대한 각종 경제적 혜택을 잃더라도 이민을 전면 통제하는 하드 브렉시트를 택한 반면, 온건파는 단일시장 접근 유지를 위해 일부 EU 규정을 받아들이는 소프트 브렉시트(Soft Brexit)를 주장한다.

그러나 하드 브렉시트가 보수당 내 문제를 해결하지는 못한다는 것이 중론이다. 메이 총리는 고작 12석 차이로 이민 통제에 더 큰 비중을 두는 강경파에 속해 있다. 따라서 〈이코노미스트〉는 이 상황을 "현실은 브렉시트를 위한 최선의 조건을 끌어내기 위한 보수당 내 분열이 이제 막 시작되었다는 것이다"라고 묘사한다.

영국 재무부 내부 서류에 따르면 하드 브렉시트를 택할 경우, 660억 파운드의 세금이 감소할 것이라고 전망했다. 또한 유출된 이 정부 서류에 따르면, 영국이 단일시장 접근이 불가능하고 WTO를 통해서 EU와 무역할 경우 국내총생산이 9.5% 감소할 것으로 전망했다.[31]

또다른 산, 영국의 법률 해석

정치적인 측면에서 영국은 이제 EU를 떠나는 절차를 밟고 있다. 그런데 법적인 측면에서 리스본 조약 50조의 발동권이 총리에게 있는 것인지 아니면 의회에 있는 것인지가 여전히 쟁점으로 남아 있다. 6월 23일 투표를 앞두고 캐머런 전 총리는 브렉시트를 지지하는 국민이 다수일 경우, 자신이 50조를 발동할 것이라고 말했다. 영국 정부는 캐머런의 후임인 메이 총리가 같은 권한을 갖는다고 주장한다. 사실 이 같은 권한은 영국 왕실의 특권에서 유래한다.[32] 현대 의회 민주주의에서 이런 특권 사용은 영국 법률의 흥미로운 구석이 아닐 수 없다.

영국은 수 세기 동안 독재적인 군주로부터 선출된 정치인에게로 권력을 이관해온 전통이 있다. 그러나 영국 장관들은 국제 관계에 있어서 몇 가지 왕실적 특권을 확보했는데, 그 특권 중에 하나가 다른 국가와 조약을 맺거나 조약을 파기할 수 있는 권한이다. '영국 정부가 50조를 발동하는 것은 다른 EU 국가와 조약을 파기하는 것인만큼 이 같은 상황에서 특권을 사용하는 것은 기본 헌법 관례에 전적으로 부합되는 것이다' 라는 입장이다.

반대 의견자들은 50조를 발동하는 것은 영국 의회에서 통과시킨 EU 법이 영국에 적용되는 1972년의 유럽공동체 법안을 없애는 행위라고 주장한다. 정부의 입장에 대해서 반대하는 변호사들은 1972년 법안은 헌법에 커다란 변화를 도입한 결과 영국 국민들에게 새로운 권리를 준 것이라고 주장한다. 따라서 이들은 의회가 위임한 권한을 몰수하는 왕실적 특권을 총리가 행사하는 것은 불법이라고 주장한다.

만약에 영국 법원에서 의회가 리스본 조약 50조를 승인해야 한다고 판결을 낸다면 이것은 중요한 사건이 될 것이다. 왜냐하면 영국의 EU 잔류를 국민투표 기간에 주장했던 다수의 국회의원들은 리스본 조약 50조 발동에 반대하는 투표를 하게 될 것으로 예상되기 때문이다. 여기서 흥미로운 사실은 만일 이 특권 문제에 대한 재판에서 영국 정부가 패할 경우, 재심을 위해서 상소 기관인 유럽 사법재판소로 가야 된다는 사실이다.

그러던 중, 영국 고등법원 재판부는 2016년 11월 3일 영국 정부가 의회 승인 없이 리스본 조약 50조를 발동할 권한이 없다는 심리 결과를 발표했다. 재판을 맡은 대법관 토마스 경은 "영국 헌법의 가장 기본적인 원칙은 의회가 주권을 갖는다"라며 브렉시트 여부도 의회 표결을 거쳐 결정해야 한다고 판결 취지를 밝혔다.[33] 이 판결로 인하여 정부 단독으로 리스본 조약 50조를 결정할 수 있다고 주장해온 테리사 메이 총리의 하드 브렉시트 계획에 커다란 차질이 생기게 되었다. 영국 정부가 대법원에 상소할 것이지만 이 판결로 인하여 영국의 EU 탈퇴 속도가 느려질 것으로 예상된다.

영국 대법원과 웨일스와 스코틀랜드의 법조계 또한 리스본 조약 50조의 발동과 관련하여 의견을 개진할 수 있다고 밝혔다.[34] 더불어 스코틀랜드 제임스 울프 법무장관은 리스본 조약 50조를 발동하려면 스코틀랜드 의회의 동의를 구해야 한다고 말한다. 울프 장관은 브렉시트가 스코틀랜드 입법권과 스코틀랜드 정부의 행정권에 변화를 가져오게 됨으로써 지방자치 지역의 법령 변화를 동반한다고 주장하며, 영국 총리 단독으로 법을 폐지하거나 개정할 수 없는 헌법적 문제임을 강조했다. 스코틀랜드의 브렉시트 장관인 마이크 러셀 또한 스코틀랜드 국민들의 의견이 간단하게 무시될 수 없는 것이라고 덧붙였다.[35]

한편, EU 탈퇴에 따른 영국 국내법 변경에도 문제가 발생한다. 지금까지 영국법은 EU에 주권을 양도한 단일시장 규정에 따라 EU 차원에서 내려진 결정에 의해 변경되어왔다. EU의 합법적 결정이 영국법에 적용되는 데에는 두 가지 방법이 있다. 먼저 EU 지침에 따르면 회원국이 지침에 명시된 결과를 얻기 위해 정책을 채택하거나 법조항을 개정한다.

반면, EU가 규정을 만들면 이 규정은 모든 회원국에 즉시 법으로 효력을 발생한다. 이처럼 지침은 법조항 개정으로 세워지는데, 규정은 영국이 EU의 회원국이기 때문에 즉각적인 법적 구속력을 가진다. 결과적으로 영국이 EU를 떠나면 EU 지침을 실행하기 위해서 통과된 법령은 영국 정부가 별도의 조치를 취하지 않는다면 효과를 상실한다.

EU 규정에는 식품 위생과 안전과 같은 중요한 부문을 다루는데 영국 법에는 EU 수준의 규정이 없어 브렉시트로 인하여 영국 법에 공백이 생긴다. 이를 피하기 위해서는 영국 정부가 EU를 탈퇴하기 전에 EU 규정에 속하는 부문의 영국 법을 제정하도록 법안을 통과시켜야 한다. 그러나 이 법안이 단순히 EU 규정을 영국 법으로 뒤바꾸는 건지 아니면 새로운 규정을 실행할지는 확실하지 않다.[36]

영국의 EU 탈퇴는 영국이 EU의 기본 권리 헌장에 더 이상 구속되지 않음을 뜻한다. 영국 정부는 이 헌장에 명시된 EU 시민에게 보장하는 경제·사회·정치적 권리를 영국 법으로 대체할지를 결정해야 한다.

국방과 방산 분야의 변화

EU 28개 회원국의 병력 수는 140만 명으로, 미국의 128만 명보다 많고 540만 명을 둔 중국 인민해방군 다음으로 세계에서 두 번째로 많은 규모다.

브렉시트로 인해서 영국군은 EU의 공동안보국방정책(Common Security and Defence Policy, CSDP) 하에서 소말리아 해적으로부터 선박을 보호하는 아틀랜타(Atlanta) 작전에 더 이상 참여할 수 없다. 물론 EU 단독 군 창설에 대해서도 영국은 EU 안에서 반대 목소리를 낼 수 없다. 따라서 브렉시트 이후 영국은 프랑스와 양자 간 국방 협력을 구축하고, 북대서양조약기구를 통해서 EU와 북대서양조약기구에 동시 회원국인 유럽 국가들과의 협력을 공고히 해야 한다. 사실 2차 세계대전 후 영국의 안보 정책은 북대서양조약기구와 함께 '파이브 아이즈'를 근간으로 삼아왔다.[37] 파이브 아이즈는 미국, 캐나다, 호주, 뉴질랜드, 영국 5개국의 정보 공유망을 지칭한다. 이미 절감에 들어간 영국 국방 예산은 영국 해군의 운영하는 군함 수의 감소에서 잘 나타난다. 영국 국가 안보를 공고히 하기 위해 필요한 구축함과 호위함 수가 1998년 32척에서, 2004년 25척 그리고 2016년 현재 19척으로 줄어든 상태다.[38]

그런데 여기에 설상가상으로 브렉시트의 여파로 영국 국방부 예산이 연간 7억 파운드 상승할 것으로 예상된다. 6월 국민투표 이후 달러에 대한 파운드의 환율이 지난 30년간 최저를 기록하면서, 미국에서 수입하는 군사 장비의 가격이 올라갔기 때문이다. 영국 국방부는 파운드화 평가절하로 인하여 실제로 해마다 국방 지출이 증가한다고 밝혔다.[39]

1파운드가 1.5달러일 때 65억 달러는 43억 파운드에 해당된다. 1

파운드가 1.3달러일 때 65억 달러는 50억 파운드 가치가 있다. 여기서 생기는 차액이 7억 파운드다. 영국 국방비 예산 350억 파운드에서 추가 지출될 7억 파운드는 영국 방위 예산에서 장비 구매력이 2%가 삭감되는 것과 같다.[40]

영국 해군참모총장을 지낸 웨스트 경은 이 같은 사안을 가리켜 더할 수 없는 나쁜 상황을 뜻하는 '완벽한 폭풍(Perfect Storm)'에 국방부가 직면했다고 표현했다. 국방부 예산 관련 고위직 인사는 이미 여력이 없는 상황에 도달한 예산이 파운드화 가치 하락으로 한계점에 도달하게 되었다고 실토했다.

영국은 매년 미국으로부터 군사 장비 구입에 100억 달러를 쓴다. 현재 획득 대상인 미국 군사 장비는 해상 순찰기 9대, F-35B 138대, 아파치 헬기 50대 등이다. 이외에 영국 국방부는 치누크 헬기와 트라이던트 미사일, 조기경보기 등 기존의 항공기와 방위 시스템의 부품과 지원 서비스 또한 미국으로부터 구입해야 한다.

브렉시트 지지 진영의 줄리안 루이스 국회 국방위원회 의장은 현재 국내총생산의 2%를 국방비에 지출하는 영국은 이를 3%로 올려야 필요한 국방 예산을 집행할 수 있다고 말했다. 여기에 대해서 웨스트 경은 국방비가 국내총생산의 2%는 좋은 비율이지만 영국 국내총생산이 줄어들면 결과적으로 국방비도 감소할 것이라는 우려를 표했다.

브렉시트의 여파로 영국은 현재의 국방력을 유지하기 힘들어 진다. 특히 스코틀랜드가 독립하면, 국방 예산은 8~10% 감소하여 영국군의 장기 계획인 전략적 방위 리뷰를 새로 구상해야 한다. 거기에는 기존 전력 증강 프로그램의 지연 또는 감축이 불가피하다. 예를 들어, 2020년 진수 예정인 퀸 엘리자베스 항공모함은 국방 예산에 차질이 빚어져 투입이 지연될 가능성이 있고, F-35 전투기 구매 대수도 줄여야 하는 상황이다.[41]

이뿐만 아니라 영국 해군은 바다에서 영속성 개념을 포기해야 할 처지다. 이 개념을 이행하기 위해서는 4대의 SSBN 잠수함이 필요한데, 비용 절감을 위해서 잠수함 한 대를 없애고 점진적으로 잠수함 두 대만 운영해야 하는 상황이 된다. 또 다른 문제는 이 잠수함 기지가 스코틀랜드에 있다는 것이다. 브렉시트의 여파로 스코틀랜드가 독립할 경우 클라이드 해군 기지에 있는 트라이던트(Trident) 잠수함 대체 프로그램이 위협을 받게 된다.[42]

브렉시트가 영국의 다국적 방산업체에 끼치는 영향을 보면 다음과 같다. 세계 100대 방산업체에 포함되는 영국의 다국적 3개 방산업체인 비에이이시스템즈(BAE Systems), GKN, 롤스로이스(Rolls Royce), 콥함(Cobham)이 북미뿐만 아니라 유럽 방산업체와의 협력을 공고히 해왔다. 영국은 6개국이 참여하는 유럽의 다국적 무기 획득 기구인 합동무기획득협력기구(Joint Armaments Cooperation Organisation, OCCAR) 정회원국이다. 합동무기획득협력기구에는 벨기에, 영국, 프랑스, 독일, 이탈리아, 스페인, 네덜란드 6개국이 참여한다. 브렉시트는 합동무기획득협력기구에서 진행하는 공동획득 사업 11가지 가운데 가장 큰 프로그램인 M400 전술 전략 수송기 같은 공동 무기

개발 프로그램에도 지장을 준다. 총 170대 생산 목표를 갖고 있는 M400 프로그램에서 영국은 22대를 주문한 상태다. 영국 방산업체들이 압도적으로 영국의 EU 잔류를 희망했던 이유는 브렉시트가 하이테크 분야인 방위 사업에 부정적인 영향을 줄 것으로 우려했기 때문이다. 방위 산업체 GKN의 CEO 나이절 스타인은 "영국의 방위 산업은 국제 무대에서 활동하기에, 영국의 EU 회원권은 의사결정 과정에 참여할 수 있는 기회를 제공한다"라고 말한다.

에어버스 영국 지사장인 폴 칸은 영국이 EU에서 탈퇴하면 영국의 브루턴과 북웨일즈에 있는 A350 여객기의 날개를 제작하는 공장을 다른 곳으로 옮기게 될 것이라고 전망한다.[43] 이런 측면에서 브렉시트는 560억 달러 규모의 매출을 보이는 영국의 항공 방위산업에 타격이 될 것이다.

3

—

영국의
국제 관계
변화와 갈등

브렉시트는 영국의 국제적 위상에 중대한 변수로 작용하여, 영국은 외
교 안보 정책 노선에 변화가 불가피해 보인다. 먼저 브렉시트로 인한
스코틀랜드의 독립은 영국 국방에 중대한 영향력을 끼치게 된다. 스코
틀랜드는 인구 850만 명으로 영국 전체 인구의 13%를 차지하고, 영국
국내총생산의 10%인 2,200억 파운드, 영국 국토의 38%를 차지한다.[44]
스코틀랜드의 독립은 곧 이 모든 수치의 손실로 이어지는 것이다.

영국 외교 문제에서 막강한 영향력을 행사하며 '채텀 하우스(Cha-
tham House)'로 불리는 왕립국제문제연구소(Royal Institute of
International Affairs)의 로빈 브릴릿 소장은 "영국 정부가 EU 안이 아
닌 밖에서 영국 국민들에게 더 나은 미래를 제공할 수 있다는 생각

은 상상 속에나 있는 일이다"라며 영국이 EU에서 중요한 역할을 해 왔다 공언한다.

영국의 대외 관계에서 최우선 순위 국가는 미국이다. 양국 관계에서 EU 회원국으로서 영국이 갖는 위상은 어떤 것인지 주목할 필요가 있다. 토니 블레어 내각에서 외교 고문과 미국 대사를 지낸 데이비드 매닝 경은 이렇게 주장한다.

━━ "EU 밖에서 유럽에 대한 우리의 영향력은 급속히 감소됩니다. 미국에도 마찬가지입니다. 영국이 EU를 탈퇴하며 얻게 되는 리스크는 영국이 국제 문제에 관여하지 않는 급류로 빠져들게 될 거라는 점입니다."[45]

오바마 대통령 또한 영국의 EU 잔류에 대해서 전폭적인 지지를 한 바 있다.

━━ "미국은 강한 EU에 속한 강한 영국의 가치를 높이 평가합니다. 이러한 영국이 속한 EU는 유럽과 전 세계에 평화, 번영 그리고 안보 유지에 중차대한 기여를 하고 있습니다."

미국 입장에서 브렉시트는 양면적 여파를 지닌다. 영국의 국방비 감축은 영국이 차선책으로 미국의 핵 우산 속에 들어갈 수도 있는 개연성이 있어, 영국과 미국의 관계는 더 가까워질 수 있다. 한편,

미국은 EU 안에서 자국의 경제적 · 지정학적 이해관계를 증진시켜 줄 '트로이의 목마'를 잃게 될 수 있다. 게다가 영국이 EU에서 빠짐으로써 미국과 EU의 범대서양무역투자동반자협정(Transatlantic Trade and Investment Partnership, TTIP) 협상이 더 어려워질 수도 있다.

영국과 프랑스와의 관계는 브렉시트와 무관하게 공고해질 것이라는 프랑스 안보 전문가 피에르 라두의 전망 역시 흥미롭다. 우선 프랑스와 영국 간 방위 협력에 대해 2010년 체결된 랭커스터 하우스 조약(Lancaster House Treaty)은 핵 협력 동의로 인하여 다른 EU 회원국은 참여를 배제시켰음을 강조하며, 이러한 특별한 관계로 영국의 EU 잔류 여부와 상관없이 영국은 유럽 대륙에서 프랑스의 가장 신뢰할 파트너로 남을 것이라고 주장한다.

즉, 브렉시트가 영국과 프랑스 양국이 갖고 있는 UN 안전보장이사회 상임이사국 지위와 핵무기 보유국, 해외 주둔군 유지 등 글로벌 비전으로 지정학적 이해관계를 나누고 있는 것에는 영향을 끼치지 않을 것이라고 말한다.[46] 게다가 방위 산업 측면에서 영국과 프랑스는 경대함미사일과 미래 항공전투시스템 등 양국만의 중요한 공동 개발 프로젝트를 진행하는 긴밀한 관계다.

블레어 총리 내각에서 유럽장관을 역임한 데니스 맥셰인은 국민투표 전 브렉시트와 영연방의 관계에 대해서 이렇게 경고했다.

— 영국이 유럽으로부터 제멋대로 분리되는 것은 영국과 국방 안보에서 긴밀한 관계를 유지해온 미국과 캐나다, 호주 같은 우방국에는

참담한 신호가 될 것이다. 그래서 이들 영연방 국가들의 지도자들은 영국이 브렉시트에 반대할 것을 촉구하고 있다. 그들은 영연방을 세운 국가인 영국이 EU에서 내려지는 무역, 원조, 외교 정책이 영연방에 영향을 끼치고 있기에 EU 안에 있기를 바란다.[47]

이렇게 볼 때 브렉시트 이후 영국이 외교 역량을 우선적으로 집중할 국가는 미국과 영연방에 속한 파이브 아이즈 3개국(호주, 뉴질랜드, 캐나다)과 랭커스터 하우스 조약을 체결한 프랑스가 될 것이다.

잉글랜드와 상반된 스코틀랜드의 입장

스코틀랜드의 6월 23일 국민투표 결과는 예상대로 62 : 38로 EU 잔류를 결정하여, 잉글랜드와는 다른 길을 가게 되었다. 이로 인하여 스코틀랜드는 이미 2014년 9월에 가졌던 스코틀랜드 독립에 대한 국민투표를 다시 논의하게 된 상황이다. 당시 득표율은 반대 55.3%, 찬성 44.7%로 307년 만에 이루려던 독립의 꿈은 사라진 것 같았지만, 브렉시트가 스코틀랜드 독립의 불씨를 다시 피우고 있다. 같은 맥락에서 런던 킹스칼리지 프리드먼 교수는 "브렉시트는 스코틀랜드 독립의 또 다른 발화점이 되었다"[48]라고 논평했다.

스코틀랜드 국민당(SNP) 당수이자 스코틀랜드 정부 수반인 니콜라 스터전 장관은 "브렉시트 시나리오와 독립에 대한 국민들의 지지 수준에 따라서 판단하겠다"라고 말했다. 이에 대해 당시 내무부장관이었던 테리사 메이는 "나는 EU 때문에 오랫동안 지속된 잉글랜드와 스코틀랜드의 소중한 관계가 무너지는 것을 원치 않는다"[49]라고 말했다. 2014년 스코틀랜드 국민투표 당시 영국(UK)에서의 스코틀랜드의 중요성과 비중을 두고 독립을 만류했던 것만큼이나 재차 강조한 것이다.

《EU 국민투표 2016(EUReferendum 2016: A Guide for Voters)》의 저자 데이비드 토런스는 이에 대해서 '스터전 장관은 스코틀랜드는 독립을 원하지만 영국이 EU 탈퇴를 선택했기 때문이 아니라, EU가 일자리 창출, 투자, 고용, 집단 안보 체제 등의 이점을 제공하기 때문에 스코틀랜드가 EU에 그대로 남기 위해 적극적으로 노력하겠다'는 뜻으로 해석한다.

스코틀랜드 국민당 당수를 역임한 고든 윌슨은 영국이 EU를 탈퇴할 경우, 스코틀랜드의 무역을 보호하기 위해서 유럽경제지역 가입을 신청할 것이라고 말한 적이 있다. 스코틀랜드 노동당 대표인 이언 머레이 또한 EU 잔류를 주장하면서 스코틀랜드 국민당과 함께 연대할 것을 선언했다.

EU 잔류 선거운동기관(Scotland Stronger in Europe)에 따르면 스코틀랜드의 33만6,000개 일자리가 EU와의 무역과 연관되어 있고, EU에 수출하는 스코틀랜드 위스키는 연간 116억 파운드에 달한다. 이뿐만 아니라 스코틀랜드가 EU로부터 받는 보조금은 2014년에서 2020년 사이에 7억5,000만 파운드, 향후 5년간 받는 공동농업정책 보조금이 3,300만 파운드, 브로드밴드 지원비 1,000만 파운드, 에버

딘 환경친화적 버스 도입에 800만 파운드, 재생 에너지 지원비 1,800만 파운드 등 각종 혜택이 있다고 강조한다. 이 기관은 EU 회원국으로서 내야 하는 비용은 스코틀랜드 가구당 하루에 1파운드도 안되지만 받는 혜택은 연간 3,000파운드라고 주장하며 스코틀랜드 유권자의 EU 잔류를 독려했다.

니콜라 스터전 수반은 스코틀랜드 의회가 영연방의 EU 탈퇴 승인을 거부할 수 있다는 점을 시사했다. 스코틀랜드 자치의회의 권한을 명시한 스코틀랜드 법률 제29조에 따르면 스코틀랜드에 영향을 미치는 EU 법은 영국 중앙정부가 아닌 자치의회의 결정을 따르게 돼 있다. 스코틀랜드와 EU와의 관계를 규정할 때도 자치의회의 동의가 반드시 필요하다. 따라서 스코틀랜드의 승인 없이는 EU에서 탈퇴할 수 없다. 이것이 브렉시트에 반대하는 사람들이 스코틀랜드의 결정에 기대하는 이유다. 물론 영국 총리가 영연방 법을 바꾸면 스코틀랜드의 거부권이 무력해진다. 이 경우 스코틀랜드가 영국으로부터 독립하는 방안을 추진할 가능성이 커진다.[50] 2014년 독립에 대한 국민투표 결과는 55:45로 반대가 우세했지만, 브렉시트로 인하여 스코틀랜드의 민심은 다시 독립으로 기울고 있다.

브렉시트와 연계해서, 영국 정부와 스코틀랜드 정부 간의 견해 차이는 트라이던트 잠수함 교체 사업에서도 나타난다. 앞서 국방 안보 분야의 변화에서 다룬 것처럼 영국의 안보 문제가 직결되어 있는 핵 잠수함 교체 사업에 대해서 SNP와 스코틀랜드 노동당이 반대하고 있다. SNP의 영국 대표인 앙구스 로버트슨은 트라이던트를 "부도덕하고, 가당찮고, 쓸모 없는 무기 체계"[51]라고 폄하했다.

로버트슨 대표는 영국 정부가 대량 살상 무기(WMD)에 수십억 파운드를 사용한다는 것은 공공부문의 예산을 줄이는 현실에서 도덕적으로도 경제적으로도 변명의 여지가 없는 일이라고 비난한다. 스코틀랜드 국민당(SNP)은 당 차원에서 트라이던트가 냉전의 산물이라며 스코틀랜드에 핵무기를 보관하는 자체를 반대 입장을 고수하고 있다. 트라이던트는 냉전이 최고조였던 1980년대 초반 대처 총리 정부에서 추진한 핵 억제력 정책의 일환이다.

그러나 보수당 정부는 트라이던트 대체 사업을 지지하고 테리사 메이 총리도 대체 사업을 추진하려고 한다. 메이 총리는 "우리는 잘못된 이상주의로 인하여 우리의 종국적 보호장치를 포기할 수 없다. 핵 위협은 사라지지 않았고, 오히려 증가했다. 트라이던트를 포기하는 것은 무모한 도박이다"라고 강변한다.

여론 조사에 따르면 스코틀랜드 국민의 47.2%가 트라이던트 대체 사업에 반대하고, 31.6%가 찬성한다. 이 같은 상황에서 트라이던트 존재 자체가 스코틀랜드가 영국으로부터의 독립을 가속화하는 촉매제 역할을 한다.

잉글랜드의 도플갱어, 웨일스

스코틀랜드와 마찬가지로 웨일스는 EU 회원국인 영국(UK)의 일부인 덕분에 EU에 속한다. 그러나 스코틀랜드와 달리 웨일스의 투표 결과는 52.5%가 탈퇴, 47.5% 잔류 선택으로 브렉시트를 선택했다. 잉글랜드의 투표 결과 53.4% 탈퇴, 46.6% 잔류 비율과 비교했을 때 흡사하다.

웨일스는 다른 영국 지역에 비해서 EU로부터 더 많은 보조금을 받는다. 한 예로 2014년에서 2020년 사이에 경제개발지원금 명목으로 EU에서 18억 파운드를 받을 예정이다. 웨일스의 브렉시트 반대 진영은 영국이 EU를 탈퇴하면 이 같은 지원금을 받을 수 없다고 우려하는 반면, 브렉시트 찬성 진영은 EU의 지원금은 실제로 영국 정부의 분담금에서 나오는 것이기에 문제될 것이 없다고 주장한다.

국민투표 4개월 전인 2016년 2월 웨일스를 방문한 캐머런 총리는 "EU를 탈퇴할 경우 영국의 경제 상황이 어려움에 직면할 가능성이 크기 때문에 EU 보조금을 대체할 예산 확보를 보장할 수 없다"라고 말하며, EU 탈퇴로 인하여 웨일스 지역의 10만 명의 일자리가 위태로워진다고 경고했다.[52]

여기에 대해서 브렉시트 탈퇴 진영은 웨일스는 오히려 EU에 잔류함으로 위험에 직면한다며, 웨일스 철강 산업을 문닫게 만들 곳이 EU라고 주장했다. 독립당의 나이절 패러지 또한 중국의 저렴한 수입철강 덤핑으로부터 웨일스 철강 산업을 보호할 의무가 EU에 있으면서도 이를 제대로 시행하지 않은 EU에 맹공을 퍼부었다.

브렉시트 문제에 대해서 웨일스 지역의 보수당 또한 영국처럼 당내 이견을 보인다. 웨일스 보수당 의원 11명 가운데 4명이 브렉시트를 지지했다. 그러나 노동자가 많은 웨일스 지역의 노동당 의원 25명 전원이 브렉시트를 반대하는 입장이다.

브렉시트 국민투표 후 두 달이 지난 2016년 8월 말 웨일스 정부 수반인 가르윈 존스 제1장관은 "웨일스를 그 전과는 다르게 세계에 판매해야 한다"라고 말하며, EU와의 브렉시트 협상에 웨일스를 대표하는 고위 공무원들을 임명했다고 발표했다.[53] 영국 중앙정부보다 브렉시트에 대한 대응이 느리다는 내부 비판을 받았지만 웨일스에서는 스코틀랜드에서처럼 영국으로부터 독립을 제안하는 목소리는 거의 들리지 않는다.

과거와 미래 사이 갈림길에 선 북아일랜드

잉글랜드와 함께 지난 43년간 유럽 통합의 대열에 있었던 북아일랜드의 투표 결과는 탈퇴 44.2%, 잔류 55.8%로 스코틀랜드처럼 다수가 브렉시트를 반대했다. 북아일랜드는 영국과의 헌법적인 유대를 지속하려는 신교, 구교, 얼스터 유니어니스트(Ulster Unionists)와 아일랜드로 다시 통일되기를 원하는 내셔널리스트(Nationalists) 간의 내부 분쟁으로 얼룩졌다. 토착민인 내셔널리스트는 켈트 족이고, 12세기 이후 잉글랜드 이주민은 앵글로색슨 족이라는 측면에서 북아일랜드는 통합보다는 분열의 요소가 잠복해 있는 지역이다.

1998년 4월 10일 다자회담을 통한 북아일랜드 평화협정인 '굿프

라이데이 협정(Good Friday Agreement)'이 최종 타결됨으로써 북아일랜드 분쟁은 새로운 전기를 맞았다. 1999년 자치정부 구성을 통해 평화협정 합의안이 수용·이행됨에 따라 북아일랜드는 영국 정부로부터 기본 자치권을 이양받았으나, 경찰·사법 분야는 영국 정부의 관할로 남겨져 있어 분쟁은 완전히 해결되지 못했다.[54]

2016년 2월 북아일랜드를 방문한 캐머런 총리는 EU의 공동농업정책을 부각시키며 "브렉시트는 영국 농부와 이곳 북아일랜드 농부들에게 아주 큰 피해를 입힐 것이다"라고 경고하며 브렉시트로 북아일랜드와 아일랜드 사이의 국경 문제는 더 어렵게 될 것이라고 예상했다.

브렉시트에 대해서 북아일랜드 주요 정당의 입장을 비교하면 다음과 같다.

민주연합당(Democratic Unionist Party)은 EU 밖에서 한 나라로서 국가 이익을 나누는 것이 더 낫다고 주장한다. 마치 잉글랜드 보수당의 브렉시트 지지파의 접근과 유사하다. 신페인(Sinn Fein)당은 1973년 영국의 유럽경제공동체 가입을 반대했고 1975년 국민투표에서 유럽경제공동체 승인을 거부했던 정당이다. 그러나 입장을 바꾸어 EU가 북아일랜드 평화협상에 지대한 공헌을 했다고 평가하며, 북아일랜드가 EU에 남는 것이 농업과 비즈니스에 큰 이득이 될 것이라고 주장한다.

예상되는 브렉시트 여파 중에 북아일랜드의 평화협정에 부정적인 영향을 줄 것이라는 관측이 나온다.[55] 즉 브렉시트가 진행되면 다시 오랜 분파 싸움이 시작되어 새로운 분쟁의 씨앗이 될 수 있다는 것이다.

지브롤터의 불안한 미래

스페인과 국경을 맞대고 있는 인구 3만1,000명의 영국령 지브롤터(Gibraltar)는 영국 본토보다 높은 83%의 투표 참여율에 압도적인 95%가 EU 잔류를 선택한 곳이다. 따라서 지브롤터 유권자의 압도적 다수가 EU 잔류를 원하고 있으며, 결과적으로 영국과 다른 방향으로 가고 있어 딜레마에 처해 있다.[56]

참고로 6월 23일 국민투표에 지브롤터에 사는 영국 국민들이 투표할 수 있는 것은 그들의 위상이 EU 정회원권에 지배를 받기 때문이다. 더불어 다른 EU 회원국에 거주하는 영국 시민권자들도 해외 거주 기간이 15년이 넘지 않은 경우 투표할 수 있다. 그러나 거리상으로 지브롤터보다 영국에 훨씬 더 가까운 저지(Jersey)섬, 겐지(Guernsey)섬, 맨 섬(the Isle of Man)에 사는 영국 국민은 투표에 참여하지 못한다. 왜냐하면 이 세 지역은 영국 왕실령에 귀속되어 영국 영토로 간주하지 않기에 EU에도 속하지 않기 때문이다.[57]

브렉시트 결정 직후, 지브롤터 총괄장관 파비안 피카르도는 스코틀랜드 제1장관 니콜라 스터전과 만나 영국 정부가 리스본 조약 50조를 발동할 경우 지브롤터와 스코틀랜드가 EU에 남는 공동 대처 방안을 마련하고 있다.

지브롤터가 이런 입장을 갖게 된 것은 1973년 영국이 유럽경제공동체에 가입할 때로 거슬러 올라간다. 당시 유럽경제공동체는 영국과 함께 지브롤터의 가입을 허락하는 특별 조치를 취했다. 2004년부터 유럽의회 선거에 참여하기 위해 지브롤터는 잉글랜드 남서 선거구에 편재해왔다. 따라서 영국이 EU를 떠나면 지브롤터도 자동 탈퇴가 된다. 브렉시트로 지브롤터가 EU 영토에서 제외되면 그대로 스페인과의 국경을 맞댄 상태가 된다. 이는 스페인 정부가 원하면 국경 통제를 이용하여 차량 통행과 무역을 차단할 수도 있다는 뜻이다. 영국이 EU를 떠나면 결국 스페인 정부의 결정에 대한 거부권을 행사할 수 없어서 지브롤터의 이해 관계를 지켜줄 수 없게 되는 것이다. 실제로 1968년 스페인 프랑코 정권 당시 지브롤터에 대한 경제 봉쇄를 내린 적이 있고, 이 봉쇄는 스페인이 유럽공동체 가입 협상의 일부분으로 1985년에서야 해제되었다. 참고로 스페인은 포르투갈과 함께 1986년 유럽공동체 회원국이 되었다.

6월 23일 국민투표 몇 주 전에 스페인의 외무장관 대행을 맡고 있는 호세 가르시아 마르가요는 영국이 EU를 탈퇴할 경우 지브롤터에 대한 영국과 스페인의 공동 주권이 지브롤터 경제에 대한 위협을 해결할 수 있다고 제안했다. 그러나《지브롤터(Gibraltar)》의 저자인 크리스 그로트는 이 제안은 지브롤터에 대한 스페인의 간섭 의도를 드러낸 것이며, 공동 주권 없는 지브롤터 입지가 애매해진다는 의미로 '감춰진 협박'이라고 주장했다.

브렉시트를 주권 논쟁의 지렛대로 이용하려는 스페인의 노력에
도 불구하고 지브롤터는 스페인의 압력에 굴복하지 않을 것이 분명
하다. 공동 주권 문제는 지브롤터 사람들에게는 영국 주권을 불가피
하게 거부하는 것으로 여겨지고 있다. 따라서 스페인 주권이든, 공
동 주권이든 지브롤터 사람들에게는 정치적으로 받아들일 수 없는
사안이다.

2013년 스페인 정부의 지브롤터 국경 봉쇄에 대해서 영국의 조
치는 신속하지 못했고, 결국 EU의 개입으로 잠잠해진 적이 있다.
그러나 스페인의 지브롤터 해역에 대한 침범은 여전히 지속되는 상
태다.

지브롤터 경제를 보호하기 위한 해결 방안 가운데 하나는 영국과
지브롤터가 헌법적 관계를 재정립하는 것이다. 주지한 바와 같이 지
브롤터는 영국의 외교, 군사, 경제적 보호에 의존하고 있어서 포스
트 브렉시트 세계에서 지브롤터에 대한 영국의 공약이 어느 때보다
도 중요한 시점이다.

EU의 대응은?

브렉시트는 EU 역사상 회원국 탈퇴의 첫 사례다. 따라서 EU가 적
절한 대응책을 내놓지 않으면 다른 EU 회원국들도 EU를 탈퇴할 가
능성이 있다. 이에 따라 영국에 대해 브렉시트 선택을 책임질 만큼

의 불이익을 감수하게 만들어야 한다는 것이 투표 직후 EU 내부의 지배적인 분위기다.

투표 이틀 후인 6월 25일, EU 창단 국가 6개국의 외무장관들이 베를린에 모여 영국이 조속히 EU를 떠날 것을 촉구하며 영국에 압박을 가했다. 이들 6개국 외무장관들은 브렉시트 절차를 가능한 빨리 진행하자는 데 의견 일치를 보이며 공동 전선을 폈다. 메르켈 총리는 '추한 협상'이 되지 않기를 희망한다고 피력했고, 유럽집행위원회 융커 위원장은 '원만한 이혼'을 예상하지 않는다고 덧붙였다.[58] 독일의 주도로 소집된 베를린 회동에서 브렉시트에 대한 EU의 반응은 냉담했고, 영국에 가차없는 조치들을 취할 것을 예고하는 듯했다.

독일 중앙은행 바이트만 총재도 브렉시트 여파가 대수롭지 않은 것이라는 EU 지도부와 같은 논조로 가세했다. 그는 "영국의 예상 밖의 EU 탈퇴 결정이 유로존 지역의 경제 전망을 바꾸는데 영향을 미치지 않을 것이며, 유로존의 상승세는 이어질 전망이다"[59]라고 말했다.

2016년 9월 16일 슬로바키아의 수도 브라티슬라바에서 열린 EU 비공식 정상회담에 메이 총리는 초대받지 못했다. 영국을 제외한 상태로 27개 EU 회원국 정상들이 모여 '브라티슬라바 선언'을 채택하고 로드맵[60]에 합의했다. 로드맵의 목적은 다음 4가지다.

1. 외부 국경에 대한 완전 통제력의 회복

2. 내부 안전과 테러 격퇴 공고화

3. EU 밖에 대한 안보와 국방에 대한 EU 협력 강화

4. 단일시장의 고양과 유럽 청년들에게 향상된 기회 제공

유럽이사회 투스크 의장은 로드맵을 구체적으로 실천하는 방안으로 터키와 국경을 맞대고 있는 불가리아에 추가 인력을 즉각 투입하기로 했다고 밝히면서, 기자회견에서 "브라티슬라바 정상회담이 EU에 대한 신임과 신뢰를 새롭게 하는 데 기여하기를 바란다"라고 말했다. 여기서 투스크 의장의 발언을 들여다보면, 브렉시트가 여타 EU 회원국의 이탈을 자극할 가능성을 차단하기 위한 EU 지도부의 '합심 노력'의 일환으로 해석된다.

2017년 2월 3일에 예정된 EU 회원국 리더들의 비공식 정상회담이 몰타의 수도 발레타에서 개최된다. 그러나 영국의 메이 총리는 브라티슬라바에서 열린 EU 비공식 정상회담에 이어 또 다시 초대받지 못했다.[61] 브렉시트 결정만 이루어졌을 뿐 실제 발효된 상태가 아닌 시점에서 이 같은 EU의 조치는 영국의 EU 탈퇴 결정에 대한 EU 지도부의 언짢은 심기를 노골적으로 드러낸 것이다.

유럽의회는 벨기에 총리를 역임한 (영국 입장에서 볼 때) 강성 연방주의자 기 베르호프스타트(Guy Verhofstadt)를 EU의 브렉시트 협상 총괄로 임명했다. 여기에 대해서 유럽의회 마르틴 슐츠 국회의장은 이 같은 임명이 영국에 대한 처벌적인 조치가 아니라고 해명했다.[62] 그러나 브렉시트 결정 이후 EU가 영국에 보인 일련의 조치와 태도

는 EU 지도부의 '일관된 배제'라는 사실을 부정할 수 없다. 따라서 슐츠 유럽의회 의장의 논조는 투스크 EU 정상회의 상임의장과 융커 유럽집행위원회 위원장과 일치한다는 것이 언론의 공통된 관측이다.

10월 2일 메이 총리가 하드 브렉시트를 택할 것이라는 강경 발언에 대해서 10월 13일 투스크 상임의장은 "자유 이동은 영국의 단일 시장 접근의 조건이라는 사실에 대해서 EU는 타협하지 않을 것이다"라며 "하드 브렉시트 아니면 노(No) 브렉시트가 될 것"이라고 경고했다.[63] 한편으로 이 경고는 영국이 브렉시트 결정을 번복할 수도 있다는 것을 뜻한다.

투스크 상임의장은 "엄연한 진실은 브렉시트가 우리 모두에게 손실이라는 점이다"라고 처음으로 인정하며, "오늘 비록 그럴 가능성을 믿는 사람은 거의 없겠지만, 영국은 종국적으로 EU를 떠나지 않는 결정을 내릴지도 모른다"라고 재차 브렉시트 철회 가능성을 시사했다. 투스크 상임의장의 이 같은 발언은 그간 EU 지도자들이 브렉시트를 당연한 수순으로 받아들이고 영국에 대해 엄격한 태도를 보여온 것과 대조적인 것이다.

브렉시트 직격탄을 맞는 아일랜드

《유럽, 머물 것인가, 나갈 것인가(Europe: In or Out)》의 저자 데이비드 차터는 "브렉시트로 인하여 가장 큰 영향을 받을 EU 회원국은 영국과 가장 가까운 나라 아일랜드가 될 것이다"[64]라고 했는데 이 말이 그대로 증명되고 있다.

일부 전문가들은 브렉시트의 여파가 영국보다도 아일랜드에 더부정적으로 미칠 것이라고 우려를 표한다. 찰리 플래너건 아일랜드 외무장관은 "브렉시트는 1973년 유럽경제공동체 가입 이후 영국이 직면한 가장 큰 외교 정책 문제로 다루어지고, 많은 경우에 아일랜드도 마찬가지로 해당된다"[65]라고 말했다.

영국의 EU 탈퇴 결정은 아일랜드에 여러 방면에서 영향을 준다. 당장 파운드의 하락은 영국에 매년 150억 파운드 규모를 수출하는 아일랜드에 직격탄이 되었다. 브렉시트 이후 아일랜드와 북아일랜드 사이 국경 문제가 어떻게 될지도 불확실하다. 과거 방식처럼 국경 검문소를 설치하는 것을 원하는 사람은 별로 없는 상태에서 현재 완전히 개방된 영국 국경이 사라질지도 모른다. 영국의 EU 탈퇴는 또한 아일랜드가 EU에서 중요한 동맹국을 잃는 결과가 된다. 양국은 EU 회의석상에서 무역, 규제, 금융 서비스, 세금 문제에서 함께 같은 목소리를 내왔다.

브렉시트는 아일랜드에서는 더 이상 이론적인 것이 아니기 때문에, 이미 정치인들과 사업가들은 파운드 하락에 따른 실제 문제들을 다룬다. 아일랜드의 티퍼러리에 있는 버섯 공장은 90%를 영국에 수출하기 때문에 파운드 하락으로 문을 닫게 되어 75명의 직원이 실직했다. 티퍼러리 공장의 폐쇄는 브렉시트가 가져온 조기 경보 신호다. 영국인의 투표 결과가 아일랜드의 작은 농촌에 이런 결과를 가져올 줄은 몰랐다는 것이 현지 반응이다. 이런 상황에 아일랜드 정부는 10월 초 파운드 약화에 따라 손해를 본 농민들에게 1억5,000만 유로 규모의 대출을 승인했다. 이런 차원에서 북아일랜드 부총리인 마르틴 맥기니스는 "테리사 메이는 '브렉시트는 브렉시트를 뜻한다' 고 말하지만, 아일랜드 국민에게 브렉시트는 재난을 뜻한다"라고 말했다.

한편, 브렉시트는 아일랜드에 위기일 뿐만 아니라 기회가 될 수도 있다. 특히 불확실한 미래에 고립된 영국에 투자하기를 주저하는 은행과 금융기관 등에 아일랜드가 대체 투자처가 될 가능성도 있다.

4

—

유럽 통합의
미래는?

EU의 성과

브렉시트 지지자들이 부정적으로 보는 유럽 통합은 과연 잘 진행되어온 것일까? EU가 유럽 통합에 기여해온 바와 그 성과를 살펴보고, 이와 함께 EU가 받는 비판이 무엇인지 짚어봄으로써 유럽 통합을 재평가해본다.

하버드대학교 케네디정책대학원 조지프 나이 교수는 성공적인 통합은 다음 3가지 조건에 의해서 전망이 달라진다고 역설한다.

━━ 성공적인 통합을 성취할 수 있는 통합적인 잠재력 또는 조건들은

첫째, 관련된 국가들의 경제적 평등과 공존 가능성, 둘째, 참여 국가 엘리트들의 경제 정책에 대한 유사한 견해, 셋째, 해당 국가들이 국민의 요구에 적응하고 반응하는 능력으로서, 정부의 안정과 대응력이다.[66]

이 점에서 《영국에게 왜 유럽이 중요한가(Why Europe Matters to Britain)》의 저자 존 맥코믹은 EU가 아프리카의 모든 54개국이 참여한 아프리카 연합(Africa Union)과 차별화되는 이유를 "아프리카 연합은 정치적 불안정, 가난, 나라별로 다른 부족들에 따른 분열 등의 극복해야 하는 장애물이 많다"[67]라고 주장한다. 이 주장만큼이나 EU는 선진국의 모범적인 국가 간 통합 모델로 인식되고 있다.

무엇이 EU를 세계에서 가장 앞서가는 통합 모델로 만들었는지에 대한 답을 찾아보자면, 무엇보다도 20세기 중반까지 전쟁으로 치닫던 유럽에 평화를 정착시킨 것에서 첫 공로를 찾을 수 있다. 실제로 1945년까지 적으로 싸웠던 현재 EU 회원국 간에 또 다른 전쟁 가능성을 논한다는 것은 생각할 수 없는 일이며, 실소를 자아낼 일이 되어버렸다.

2012년 노벨 평화상이 EU에 주어진 것은 유럽 통합의 역사를 통해서 EU 관할지역에서 전쟁을 종식시켰고 그리스, 포르투갈, 스페인 같은 독재국가 또는 비민주적인 국가들이 민주국가로 탈바꿈한데 대한 공로를 인정한 것으로 해석된다. 이런 맥락에서 존 브루톤 전 아일랜드 총리는 "EU는 평화를 진척시키는 데 있어서 세계에서 가장 성공적인 발명품이다"[68]라고 치켜세웠다.

EU는 전 세계 어느 국가보다도 인권을 중시하고 민주적 가치의 실현에 이바지해온 것이 사실이다. 특히 환경 문제의 선봉에 서 있다. 기후 변화에 대한 선제적 대처의 구체적인 실천으로 탄소 배출 거래제도를 도입했고, 2015년 12월 파리 기후 협약을 이끈 주체도 EU 주도 회원국들이었다.

국제 무역에 있어서 유럽집행이사회가 포괄적인 FTA를 제대로 추진하지 못한 것은 사실이다. 그러나 범대서양무역투자동반자협정 협상에서 책임 있는 국제 무역 정책에 EU를 신뢰함으로써 얻을 혜택이 있음을 확인시켰다.[69] 그러나 유럽 회의론자들에게는 EU가 비EU 국가인 세계 무역 순위 5개국(미국, 중국, 일본, 브라질, 인도)과 자유무역협정 체결에 실패한 사실이 더욱 부각된다.

EU는 전 세계 해외 원조의 절반 이상을 맡고 있다. 2012년 기준으로 EU는 552억 유로를 해외 원조비로 제공했다. 영국은 세계에서 두 번째로 많은 원조금 액수를 제공하는 국가이고 국가총생산(GNI) 비율로는 5위의 관대한 나라다. 원조금 액수 면에서 EU 원조 대상 국가는 상위 5개국과 액수는 터키 4억1,900만 유로, 팔레스타인 2억4,700 유로, 아프가니스탄 2억 유로, 세르비아 1억8,600만 유로 순이다. 즉 EU는 세계 가장 빈곤한 국가의 가난을 해소해주기 위한 인도적 지원에 앞장서고 있다. 해외 원조는 개인의 자선단체 기부처럼 양심과 도덕적 잣대로 존경받는 모범적 조치임에 틀림없다.

우리는 일반적으로 위기가 발생했을 때 누군가가 나서서 대응책을 제시하는 리더십을 기대한다. 존 맥코믹은 EU 내에는 이런 인물을 기대하기 힘들다며 1999년 EU가 마련한 '외교 담당 상임대표직'은 실패작이며 2009년 유럽대외관계청(EEAS)를 만들었지만 국제무대에서 그 존재감이 거의 없다고 지적했다.[70]

유럽 통합에 대한 반론

1장에서 영국인이 유럽에 대해 느끼는 이질감의 배경을 설명했다. 유럽인들이 유럽 통합을 할 수 있도록 동질감을 가지게 된 요소는 유럽 왕실 간의 통혼이다. 필자는 《유로피안 판도라》에서 이렇게 주장했다.

> ▬ 나라와 나라가 연합하려면 양국의 이해관계가 맞아야 한다. 세 개 이상의 나라가 합치려면 정치와 경제적 이해관계를 넘어서 역사와 문화적 '동질성(homogeneity)'에 바탕을 둔 상호 신뢰가 있어야 한다. 이러한 관점에서 유럽 통합을 2차 세계대전 이후에 나타난 전후 복구 체제의 일환으로 보는 것은 단편적인 견해에 불과하다.

제러미 리프킨은 《유러피언 드림》에서 유럽 통합의 출발점을 다음과 같이 말한다.

━━ 유러피언 드림의 출발점은 2000년도의 시작도 2차 세계대전 이후의 시대도 아니다. 그 출발점은 중세 말과 현대 초 사이의 여명기의 계몽 운동, 현대 과학의 태동, 개인주의의 개화, 개인 재산 개념의 확립, 시장 자본주의의 형성, 민족국가의 탄생 등 '현대(modernity)'라는 제목이 붙는 사상과 관념이 확립되기 시작했을 때였다.[71]

여기서 리프킨이 한 가지 간과한 사실이 있다. 그것은 유럽 통합의 출발점을 중세 이후가 아닌 훨씬 이전인 로마제국부터 1차 세계대전을 거쳐 지금까지 이어져온 유럽 왕실 간의 유대에서 찾아야 한다는 것이다.[72]

유럽인들이 갖는 동질성의 기원은 로마제국(기원전27~기원후476)으로 거슬러 올라간다. 로마제국은 지금의 지중해 인접 국가를 비롯해 영국과 독일을 포함한 서유럽 대부분의 지역을 통치했다. 또한 200년에 가까운 십자군 전쟁(1095~1291) 동안 유럽의 왕실과 귀족들이 선봉에 나서 연합군을 결성해, 십자가 깃발아래 유럽 왕실이 단결한 사건이다.

신성로마제국(962~1806)은 오늘날의 독일, 폴란드 동부, 체코, 오스트리아, 스위스, 리히텐슈타인, 슬로베니아, 네덜란드, 벨기에, 룩셈부르크, 프랑스 서부, 이탈리아 북부에 걸친 영토였고, 로마제국의 연속선상에서 라틴어를 공용어로 사용했다. 이처럼 유럽인들이 동질성을 느끼는 데는 통치 방식, 종교, 언어의 유사성이 있다. 또 다른 중요한 요소는 상위 지배층으로부터의 결속 강화 방식인 왕실

간의 통혼에서 찾을 수 있다.

왕실 간의 통혼은 역사적으로 두 나라의 화친이 목적이다. 유럽의 통혼이 동양의 그것과 다른 점은 양자간(bilateral) 통혼이 아니라 여러 나라와의 동시다발적 통혼이었다는 점이다. 결국 유럽의 다각적 (multilateral) 통혼은 집권층 사이에 혈연에 의한 동질성을 느끼게 만들어주었다. 현재 영국 왕실의 유럽 왕실과의 통혼 역사는 다음과 같다.

영국 하노버 왕가와 프러시아 왕실의 관계는 빅토리아 여왕의 남편인 앨버트 공이 프러시아 출신이라는 점에서 서로 돈독하다. 앨버트 공은 프러시아의 색스-코버그 고타 가문(House of Saxe-Coburg and Gotha) 출신이다.

신성로마제국에서 떨어져 나온 프러시아(1701~1918)는 프레데릭 1세(1701~1713)에서 시작해서 1차 세계대전 이후 퇴위한 빌헬름 2세 (1888~1918)까지 지금의 독일 일대를 지배한 유럽의 강국이었다.

빌헬름 2세는 빅토리아 여왕의 아들 에드워드 7세의 조카다. 그리고 빅토리아 여왕의 손녀인 엘리자베스 표도로브나는 러시아 황제 알렉산더 3세의 동생인 세르게이 알렉산드로비치 백작과 혼인을 통해 영국과 러시아 왕실의 우의를 다졌지만, 1차 세계대전에서 영국과 러시아는 한편이 되어 독일과 전쟁했다.

에드워드 7세는 색스-코버그 고타가 출신으로 처음 영국 왕위에 오른 사례인데, 이 가문은 앨버트 공을 통해서 지금의 영국 왕실을, 그리고 레오폴드 1세 후손을 통해서 벨기에 왕실을 이어가고 있다.

영국 왕실은 조지 5세 재임기간에 1차 세계대전을 일으킨 독일에 대한 반감을 이유로 1917년 하노버 가에서 윈저 가로 이름을 바꾸었다. 조지 5세는 러시아 니콜라스 2세의 조카이고, 둘째 아들 조지 6세가 왕위를 이었다. 조지 6세는 현 영국 여왕 엘리자베스 2세의 아버지다.

더불어 엘리자베스 2세 여왕의 남편인 필립 공은 그리스 왕실 출신이다. 그리스 왕실의 뿌리는 올덴부르크 가로서 현 덴마크와 노르웨이 왕실도 이 가문에 기원을 둔다.

1921년 그리스 앤드류 왕자의 아들로 태어난 필립은 할아버지 그리스 왕 콘스탄틴 1세가 1922년 강제 폐위되고 가족 모두 영구 망명에 처하자 영국으로 이주했다. 필립은 18세 나이에 13세 엘리자베스 공주를 해군사관학교 시절 처음 만나 사귀기 시작해서 2차 대전 당시 해군 장교로 근무하면서 연서를 주고 받는 사이가 되었고, 마침내 1947년 런던의 웨스트민스터 사원에서 결혼식을 올렸다.

1952년 조지 6세가 세상을 떠나자 엘리자베스 공주가 왕위를 계승했다. 결국 엘리자베스 2세 여왕과 필립공 사이에 태어난 3남 1녀 (찰스 왕자, 앤 공주, 앤드류 왕자, 에드워드 왕자)는 독일(프러시아)과 그리스 왕실의 혈통을 이어받은 이민자의 후손들이다.

유럽에는 현재 11개 국가가 입헌군주국의 형태로 여전히 왕실이 존재한다. 입헌군주제의 특징은 왕은 군림하되 통치하지 않고, 정치는 의회민주주의에 의해서 내각이 맡는다는 점이다. 왕족 또는 귀족이 국가원수로 있는 나라는 안도라, 벨기에, 덴마크, 리히텐슈타인, 룩셈부르크, 모나코, 네덜란드, 노르웨이, 스페인, 스웨덴, 영국이다.

전 세계 53개 영연방 국가 중에 영국 여왕 엘리자베스 2세를 국가원수로 삼고 있는 나라는 영국을 포함해서 16개국으로 안티구아, 호주, 바하마, 바베이도스, 벨리즈, 캐나다, 그레나다, 자메이카, 뉴질랜드, 파푸아뉴기니, 세인트키츠, 세인트루시아, 세인트빈센트, 솔로몬 군도, 투발루다.

리프킨은 《유러피언 드림》에서 유럽 통합의 역사적 의미를 다음과 같이 부여한다.

— EU를 고안한 것은 대단한 위업이다. EU는 국가가 아닌데도 국가처럼 행동한다. 무엇보다 중요한 것은 EU가 한정된 영토를 바탕으로 하는 실체가 아니라는 사실이다. EU는 회원국들의 영토 내에서 발생하는 활동을 조정하고 규제하기는 하지만 자체적인 영토권이 없다. EU는 영토 범위를 벗어난 통치 체제다. EU는 진정한 포스트모던 통치 체제로서는 처음이다. EU의 정통성은 영토의 지배나 과세 권한, 또는 경찰 및 군 동원력에 있는 것이 아니라 보편적 인권을 기반으로 규정과 법령, 그리고 지방, 지역, 국가, 국제, 세계 차원의 여러 행위자들 사이의 끊임없는 대화와 타협 과정에 의해 움직이는 행동 규범에 있다.

리프킨은 2005년에 발간한 이 책에서 유럽 통합 예찬론을 펼쳤는데, 2008년 금융 위기 이후 EU는 유로화를 쓰는 유로존 국가들의 재정위기가 발생해 여전히 그 영향에 있다. 게다가 2015년부터 불거진 난민 사태와 유럽 주요 도시에 대한 테러는 유럽 통합의 진전을 강조하는 목소리보다는 부정적인 시각을 갖게 하는 요소가 되고 있다. 결국 브렉시트는 이 같은 EU 내 일련의 사건과 변화들이 유럽 통합에 대해서 회의적으로 보는 시각이 촉발시킨 결과라는 사실은 부정할 수 없다.

독일-프랑스의 주도권 경쟁

역사적 위기는 늘 주도권의 재편을 가져왔다. 이런 점에서 유럽 통합의 쌍두마차인 독일과 프랑스의 패권 경쟁은 새로운 국면을 맞고 있다. 유럽 통합 기원의 역사적 차원에서 보면, 2차 세계대전 이후 승전국 프랑스는 패전국 독일을 견제하기 위한 장치들을 만들었다.

물론 프랑스가 갖는 독일에 대한 적대감의 역사는 앞서 살펴본 대로 그 이전으로 올라간다. 프랑스는 두 번의 세계대전에서 독일에게 패배했다. 미국의 참전 덕분에 다시 나라를 되찾은 것뿐이지 프랑스는 상처투성이 승전국이었다. 처칠 수상이 "유럽 합중국을 건설합시다. 유럽적인 가족이 재탄생하기 위한 첫 번째 단계는 프랑스와 독일의 파트너십이어야 합니다"[73]라고 말한 점은 이런 역사적 배경을 이해한 조언이라고 생각된다.

1960년대까지 프랑스는 독일을 다루기 쉬운 상대로 여겼다. 1963년 독일과 프랑스 사이에 우호조약이 체결되면서 양국 간 협력 체제가 공고해졌다. 그런데 1970년대 들어 상황은 바뀌기 시작했다. 경제력 측면에서, 서독의 국내총생산은 1972년 이미 프랑스보다 42% 큰 규모였다. 그러면 프랑스는 독일의 경제적 우세를 인정하고 독일이 주도하는 유럽 통합을 지켜볼 것이냐고 질문을 한다면, 답은 '그렇지 않다'다. 왜냐하면 1·2차 세계대전에서 프랑스는 비록 전쟁의 극심한 피해를 입었지만 승전국이고, 독일은 패전국이기 때문이다. 다시 말해 승자로서 프랑스인들의 자존심은 독일의 패권을 인정하기 힘들다.

2010년 독일 외무성이 공개한 서류에서 드러난 독일 통일 과정의 비사를 보면, 당시 미테랑 프랑스 대통령이 독일 통일이 가시화되자 독일이 마르크를 포기할 것을 누구보다도 강력하게 요구했다고 전해진다. 그는 통일 독일의 경제력과 인구에 안정된 화폐인 마르크가 더해질 경우 유럽의 주도권을 독일이 잡게 될 것이라고 우려했다. 그래서 프랑스 입장에서 독일을 견제할 만한 조치는 바로 마르크를 차단하는 것이었다. 영국의 언론인 데이비드 마쉬의 유로 도입에 대한 회고록에도 미테랑 대통령이 마르크를 '독일의 핵무기'라고 칭하며 유럽이 이를 반드시 통제해야 한다고 말했다고 나와 있다.

이뿐만 아니라 독일의 언론인 다니엘 엑케르트의 2012년 저서 《화폐 트라우마》에 따르면, 미테랑 대통령은 조지 부시 미국 대통령으로부터 독일이 마르크를 포기하는 경우에 한해 미국이 동·서독의 통일을 수용할 것이라는 확답을 받아냈다고 한다. 1989년 11월 9일 베를린 장벽이 무너지고, 1990년 10월 3일 동독은 서독에 의해서 합병되었다.

베를린 장벽이 무너졌을 당시만 해도 미국·영국·프랑스·러시아 승전 4개국 중 어느 나라도 독일 통일이 1년이라는 단시간 내에 실현되리라고 예상하지 못했다. 미국의 부시 대통령은 적어도 10년은 걸려야 통일이 이루어질 것이라고 내다보았던 상황이다. 그런데 독일 통일이 급물살을 타게 된 이유는 바로 독일의 콜 총리가 프랑스 미테랑 대통령의 마르크 포기에 동의하고 단일통화 도입에 동의했기 때문이다.[74]

흥미로운 것은 지금은 유럽의 공동 화폐를 '유로(Euro)'라고 부르지만, 공동 화폐 논의 초창기에는 유럽 통화 단위(European Currency Unit)의 약자인 'ECU'라 칭했다는 점이다. 이는 프랑스의 황실 동전인 '에퀴(Ecu)'를 연상시키는 것이었다. 프랑스인들에게는 공동 화폐가 프랑스어로 되어 있다는 느낌을 가질 자격이 있다고 여겼던 것이다.

그러나 EU 내 단일시장 창출에 이어 단일통화인 유로를 사용하면서 제조 강국 독일이 가장 큰 수혜자가 된 사실을 보면, 프랑스의 판단은 빗나간 것이었다고 생각된다. 독일 통일 직전에 프랑스는 마르크를 유럽 단일통화에 묶어놓으면 된다는 자신감에 차 있었던 것이 사실이다. 그리고 그리스가 재정위기에 봉착한 2010년 하반기부터 구원투수로서 독일이 주목을 받았지만, 그전에는 막대한 통일 비용 탓에 독일 경제를 환자처럼 취급해왔다.

그리스 재정위기와 관련해 유로존에서 공조해야 하는 가장 중요한 두 파트너는 독일과 프랑스다. 두 나라는 해결을 위한 합의점을 찾는 데 어려움을 겪어왔다. 프랑스는 유럽의 금융연대를 요구한 반면, 독일은 그리스의 긴축 정책 도입을 우선 조건으로 내세웠다. IMF의 개입에 대해서도 체면을 중요시한 프랑스는 외부적인 해결책을 거부했던 반면, 독일은 국제적인 종합 대책이 회원국들이 겪게 될 헌법상의 문제를 경감시켜줄 것이라고 여겼다. 엑케르트의 《화폐 트라우마》에 따르면 "그리스 위기는 프랑스로서는 독일을 제압하고 프랑스를 유럽의 경제 정부로 등극시키고자 하는 오랜 염원을 성사시킬 수 있는 좋은 기회였고, 독일은 안정·성장 협정에 새로운 생명을 불어넣으려고 했다"[75]라고 기술한다.

그러던 중 유럽 통합의 주도권을 독일이 쥐고 있음을 여실히 보여준 사건이 2012년 5월 15일 올랑드 대통령 취임식 날에 벌어졌다. 올랑드 대통령은 파리에서 취임사를 하고 난 직후 곧장 베를린으로 메르켈 총리를 만나러 갔다. 외교 관례상 대통령 취임에 메르켈 총리가 직접 축하를 위해 참석하는 것이 통상적인 것이었겠지만, 그리스가 파산하면 프랑스 은행들이 빌려준 돈을 받을 수 없는 지경에 이를 것이기 때문에 올랑드 대통령은 선택의 여지가 없었다. 참고로 프랑스 4개 주요 은행(BNP파리바, 크레디아그리콜, 소시에테제네랄, BPCE)의 그리스 대출과 거래 규모는 439억 유로다.

이 사건을 다음과 같이 비유한다면 여실히 와 닿을 것이다. 만약 새로 선출된 대한민국 대통령이 취임 당일에 중국으로 향했다면 한국의 국내 언론과 여론은 크게 술렁거릴 것이다. 유럽 통합 초창기에 이상과 기치를 든 나라는 프랑스였는데, 유로 위기에 더해진 2015년 이후 유럽 난민 사태에서 주도권을 행사하는 것은 어느 EU 회원 국가보다도 난민을 많이 수용한 독일이다. 그러던 중에 2016년 브렉시트로 인하여 독일과 프랑스는 다시 한목소리를 내고 있다. 그러나 EU의 경제 패권을 선점한 독일이 정치 패권에도 손을 내밀고 있는 상황에서 이를 놓치지 않으려는 프랑스와의 주도권 경합은 EU라는 배에 함께 타고 있는 한 지속될 것이다.

유로화 도입

2009년을 기해 EU에서 사용하는 공용 통화인 유로가 도입된 지 10년이 되었다. 먼저 국가별 통화를 포기하고 단일통화를 쓰게 된 실질적인 이유를 설명하여 이해를 돕도록 한다.

영국의 〈파이낸셜타임즈〉는 환전과 관련하여 1993년에 흥미로운 실험을 했다. 영국에서 100파운드(pound)를 갖고 출발하여, EU 회원국을 돌면서 각국 화폐로 환전을 해본 것이다. 네덜란드의 길더(gulden), 덴마크의 크로네(krone), 독일의 마르크(mark), 이탈리아의 리라(lira), 스페인의 페세타(peseta), 그리스의 드라크마(drachma), 포르투갈의 이스쿠두(escudo), 아일랜드의 파운드(pound), 그리고 프랑스, 벨기에, 룩셈부르크에서는 각각 프랑(franc)으로 바꾸고 다시 영국에 돌아왔을 때 남은 돈은 60파운드였다고 한다. 참고로 말하자면, 1995년 스웨덴, 핀란드, 오스트리아 3개 회원국이 가입하기 전, EU 회원국 수는 위의 12개국이었다.

다른 용도로는 쓰지 않고 그저 환전만 하고 12개국을 돌았는데 그 결과 환율상의 손해와 수수료로 인해 잘려나간 금액이 전체의 40%를 차지한 것이다. 이렇게 볼 때, 단순히 관세만 철폐한 상태로 무역을 하는 단일시장은 제대로 성과를 거둘 수 없음을 보여준 것이다. 환전에 의한 비용 손실이 없는 무역이 가능하다면 수출형 제조 업체들은 더 바랄 나위가 없다. 그런 점에서 EU 최대의 경제대국이 자 제조업의 강국 독일이 유로화 도입에 가장 적극적이었던 것은 당연한 것이었다. "유로는 독일 마르크의 다른 이름이다"라는 말이 나온 것도 이런 배경 때문이다.

역사적 배경으로 다시 돌아와서, 유로화는 1999년부터 국제 외환 시장에서 전자화폐로 거래되는 2년간의 준비기간을 거쳐 마침내 2002년 1월 1일을 기해 통용되기 시작했다. 다시 말해, 32년의 준비 기간을 거쳐 유로화가 사용되기 시작한 것이다. 한편, 조지 소로스 는《유로의 미래를 말하다》에서 '유로화는 애초부터 불완전한 통화 였다'라고 주장한다.

━━ 유로화는 공통의 중앙은행이라는 사실을 내세웠지만 공통의 재무

기관이 없다는 약점을 안고 있었다. 이는 현재 금융시장이 필요로 하는 국가적 지원을 의미하며, 유로화 창설시 이 부분은 간과되었다. 이것이 바로 현 위기의 중심에 유로화가 자리잡게 된 배경이다. 유로화 참여국들은 공통의 통화를 공유하지만 국가 신용 문제에 있어서는 서로 구분되어 있다.[76]

유로화의 창시자 중 한 사람인 경제학자 오트마 이싱(Otmar Issing)은 단일통화가 만들어진 원칙에 대해 "유로화는 통화 공동체를 형성하기 위해 만들어진 것이며 정치적 공동체를 지향한 것이 아니다"라고 밝힌 바 있다. 이 말은 범EU 차원에서 유로존에 가입한 국가들이 같은 통화를 사용하지만, 세금 부과는 회원국 개별적으로 한다는 의미이다. 이 점을 들어 조지 소로스는 "유로화 창시는 분명히 잘못된 시도였다"라고 단정짓는다.

금융 체제가 붕괴의 위험에 처할 경우 중앙은행이 유동성을 제공할 수는 있지만 지급능력 문제를 다룰 수 있는 것은 재무기관이라는 점에서 소로스의 지적은 일리가 있다. 소로스는 유럽의 제도적 장치가 중요하다고 보고 있기 때문에 유로화의 미래를 어둡게 본 것이다.

반면 필자는 소로스와 달리 유럽 통합을 이끌어온 힘은 공생의 방법을 찾는 회원국 간의 합의와 공동체 의식에 바탕을 둔 연대감이라고 본다. 그러므로 유로화의 문제는 EU의 기구적인 메커니즘이 아닌 정치적 결단들에 의해서 문제의 해결점을 찾을 것이다.

2012년 2월 〈이코노미스트〉가 주최한 토론회에서 유럽의회의 보수당 의원이자 《왜 탈퇴에 투표하는가(Why Vote Leave)》의 저자 대니얼 해넌은 유럽 통합의 진전에 대해서 이렇게 비관적으로 평했다.

━ 2002년에 유로화가 통용되기 시작했을 때, 영국인 가운데는 파운드를 고수하다가는 영국은 망하게 될 것이라고 걱정했던 EU 지지론자들이 있었다. 그러나 유로존의 재정위기는 10년 전의 EU 지지론자들의 주장을 무색하게 만들고 있다. 영국이 ECC(유럽경제공동체, EU의 전신)에 가입한 1973년 당시, 서유럽은 세계 국내총생산의 40%를 차지했다. 현재 그 비율은 25%로 줄어들었고, 2020년이면 18%로 감소할 것이다. 돌이켜 보면, 영국은 최악의 시점에 유럽 통합에 동참한 것이다. 왜냐하면 서유럽은 2차 세계대전 이후 30년간 놀라운 성장을 해왔지만, 1970년대 초반 원유 위기(Oil Crisis) 이후 제대로 성장한 적이 없기 때문이다.

한편, 미국 달러가 기축통화로서의 위상을 유지하는 데는 많은 난관이 있다. 먼저 미국 경제가 견실하지 않은 상황에서는 달러의 가치를 유지하기 힘들다. 중국, 러시아, 일본 등 달러 보유국들의 태도와 달러 방출 타이밍도 중요한 문제다. 이 달러 보유국들이 조용히 유로를 대체 통화로 바꾸고 있다는 사실에서 유로는 이미 기축통화의 위상을 차지한 것과 다름이 없다. 게다가 2010년 이후로 유로의 금본위제 도입 가능성이 수면 위에 올라왔다. 2007년 슬로베니아, 2008년 사이프러스와 몰타, 그리고 2009년부터 슬로바키아가 합류하여 유로화를 쓰는 유럽통화동맹(EMU) 회원국이 17개국으로 늘었다. 그리고 2013년 크로아티아, 2015년에 리투아니아가 가입해서 19개국으로 늘어났다.

EU 확대와 터키 가입 문제

6개 회원국(프랑스, 독일, 이탈리아와 베네룩스 3국)으로 출범한 유럽 통합의 대열에 1973년 영국·덴마크·아일랜드, 1981년 그리스, 그리고 1986년 스페인과 포르투갈이 합류함으로써 12개 회원국을 가진 유럽공동체로 확대되었다. 1989년 베를린 장벽 붕괴를 기점으로 불어온 변화의 파장은 소련연방과 바르샤바 조약기구의 해체를 불러왔다. 결과적으로 냉전의 양극 상황에서 유럽 통합의 조류를 타는 데 주저했던 핀란드, 오스트리아, 스웨덴은 더 이상 중립정책을 고수하지 않고, 1995년 EU에 가입함으로써 회원국은 15개국으로 늘어났다. 2004년 5월 1일을 기해 EU는 10개 유럽국가를 새로운 회원국으로 맞았다. 구 바르샤바 조약기구의 회원국이었던 체코, 폴란드, 헝가리, 슬로바키아와 발트 3개국(에스토니아, 라트비아, 리투아니아), 그리고 사이프러스, 몰타가 바로 신규 회원국들이다.

2007년 1월을 기해 불가리아와 루마니아가 새로운 EU 회원국이 되었고, 2013년 크로아티아가 가입함으로써 회원국 수가 28개국으로 늘어났다. 그리고 여전히 EU 확대는 진행형으로써 새로운 회원국 후보들과 가입 협상을 진행하고 있다. 그런 국가 가운데 가장 오래된 후보국인 터키의 EU 가입 전망은 여전히 불투명하다.[77]

북대서양조약기구 회원국인 터키는 이미 1959년에 EU의 전신인 유럽경제공동체에 준회원 신청서를 제출했고, 1987년에 정회원 신청을 한 바 있으며, 1999년에 EU 정회원국 신청을 한 상태다. 그런데 2004년에 북대서양조약기구의 적성국가였던 바르샤바 조약기구 회원국인 폴란드, 헝가리, 체코, 슬로바키아와 발트 3국, 그리고 2007년에 불가리아와 루마니아가 EU 회원국이 되었음에도 불구하고, 냉전 시기부터 EU 가입을 원했던 터키는 아직도 유럽 통합의 주류에 동참하는 데서 제외되고 있다. 과연 터키의 EU 가입을 막는 장애물들은 무엇인가를 살펴본다.

첫째, 터키 영토 내에 거주하는 쿠르드족에 대해 그간 터키가 자행한 비인도적 행위들은 EU 내에서 인권 문제로 제기되었고, 이는 터키가 EU 회원국이 되는 데 걸림돌이 되었다. 둘째, 2001년 9·11 사태를 시발점으로 EU 내에 불거진 반이슬람 정서는 이슬람 국가인 터키의 EU 가입에 또 다른 장애물이다. 실제로 EU 회원국 중에 프랑스, 네덜란드, 벨기에는 터키의 가입에 노골적으로 반대 의사를 표하고 있다. 셋째, 2006년부터 해결되지 않은 역사적인 사건인 아르메니아 문제가 대두되었다. 넷째, 사이프러스에 대한 영토 분쟁으로 터키와 관계가 불편한 그리스, 특히 사이프러스의 반대가 또 다른 장애물이다.

터키는 EU가 터키를 가입시킴으로써 생기는 이점으로 중동과 유럽을 잇는 가교 역할, 새로운 시장, 에너지 이동 허브 등이 있다고 설득해왔다. 그러나, 터키의 EU 가입을 반대하는 회원국가들은 터키가 빈곤하고, 문화적으로 다른 EU 국가들과 지나치게 이질적이라는 점을 지적한다. 다시 말해, 유럽 문화의 주류는 기독교 문화인데, 터키는 이슬람 문화권이라는 점을 에둘러서 표현한 것이다.

클라이드 프레스토위츠는 2005년 그의 저서 《부와 권력의 대이동》에서 EU 확대를 논하며, 터키와 더 나아가 러시아까지 유럽 통합의 물결에 합류할 수 있다는 낙관적 유럽 통합을 전망한 바 있다. 그러나, EU 확대에는 한계가 있다. EU 28개 회원국의 총 인구는 약 5억 명인데, 저출산율로 인해 앞으로도 별다른 증가세를 보이지 않을 전망이다. 현재 EU에서 가장 인구가 많은 나라는 독일로 8,200만 명이며 이 가운데 350만 명이 터키 이민자들이다. 게다가 최근 통계에 의하면 독일 인구는 2002년에 최고점을 찍은 이후로 점차적으로 줄어드는 추세여서 터키가 독일을 추월하는 시점은 2020년보다 더 빨리 이를 것으로 전망한다. EU 회원국들이 터키의 EU 가입에 부정적인 것은 종교적인 이유 외에 인구 문제도 따른다.

2009년부터 발효되었으며 '리스본 조약'으로 불리는 EU 신헌법은 회원국의 인구 대비에 따른 의사결정권을 '이중과반수제도'에 근거를 둔다. 이 제도에 따르면 인구 8,200만 명의 독일에 170표, 3,800만 명의 폴란드에 79표, 1,000만 명의 헝가리에 21표, 40만 명의 몰타에 7표가 주어진다. 이런 관계로 EU는 터키에게 인구 비중에 걸맞게 독일, 프랑스, 영국, 이탈리아 등 EU의 중추적 회원국이 누리는 지위를 부여할 수는 없다는 입장이다.

터키는 2009년 12월 브뤼셀 회의에서 EU 가입 희망 의사를 다시 한 번 밝혔으나, 사이프러스 문제가 여전히 가장 큰 걸림돌이다. 터키의 서남부에 위치한 사이프러스는 현재 터키계 북사이프러스와 그리스계 남사이프러스로 분단되어 있으며, 북사이프러스가 대외적으로 인정을 받지 못한다는 이유로 터키는 남사이프러스로 하여금 터키의 항구와 공항을 이용하지 못하도록 했다. EU는 이러한 조치를 취하라고 터키에 요구했으나, 아직까지도 이에 대한 합의점을 도출하지 못한 상황이다.

터키는 그리스가 지원하는 쿠데타를 이유로 삼고 1974년 사이프러스를 침공했고, 북사이프러스에 지금도 3만 명의 병력을 주둔시키고 있다. 이런 관계로 2004년에 EU 회원국이 된 사이프러스가 터키의 신규 회원국 가입에 대해서 거부권(veto)을 행사할 수 있다는 점에서 사이프러스와의 문제를 해결하지 않고서는 터키의 EU 가입 가능성은 희박하다. 더군다나 터키는 2016년 7월 쿠데타 이후로 인권 문제로 EU와 관계가 삐걱거리게 되면서 러시아와의 관계 개선을 돌파구로 삼고 있는 상황이다. 즉 터키의 EU 가입이 요원해지는 상황에 대한 대안으로 상하이협력기구(SCO)의 가입 선택도 마다하지 않고 있어 새로운 국제 관계 구도가 그려지고 있다.

끝나지 않은 그렉시트의 가능성

그리스가 EU 또는 유로존을 탈퇴하는 것은 그렉시트('Greece'와 'Exit'의 합성어)라고 부른다. 이 합성어가 생긴 것은 브렉시트보다 6년 앞선 2010년의 일이다. 그리스 재정위기에 대해서 그간의 경과를 살펴보는 것은 유럽 통합의 한 축인 경제 통합의 현 주소를 이해하는데 도움이 된다. 소로스는 《유로의 미래를 말하다》에서 그리스 재정위기의 발단 배경이 이렇게 설명한다.

━━ 유로화에 공통의 재무기관이 없다는 사실을 모두가 분명히 인식할 수 있었던 것은 리먼 브라더스 파산 이후였다. EU 회원국의 재무장관들은 어느 한 사건으로 인해 금융체제 전반이 붕괴 위험에 빠질 수 있는 중요 금융기관이 채무불이행 사태에 이르지 않도록 하기 위해 함께 노력하기로 합의했다. 그러나 범유럽 공동 보증을 제공하는 안에 독일이 반대했기 때문에 각국이 개별적으로 자국 은행을 관리해야 했다. 금융시장은 처음에는 EU 재무장관들의 약속에 도취되어 그 차이를 인식하지 못했다. 2010년 들어서야 금융시장은 유로존 내에서 국가 부채가 늘어나고 있다는 사실을 우려하기 시작했다. 그리스의 새 정부가 출범하면서 전 정부가 거짓 발표를 했으며 2009년 적자가 제시된 수치보다 훨씬 크다는 사실이 밝혀지자, 그리스는 이러한 우려의 중심에 위치하게 되었다.

EU와 IMF는 2010년 5월에 1차 구제 자금으로 그리스에 1,070억 유로를 제공했다. 2011년 10월 EU 정상회담에서는 2차 구제 자금으로 1,090억 유로를 지원하기로 합의했다. 그리스 재정위기의 문제는 이것이 끝이 아니라 '끝의 시작'이 되고 있다는 점이다.[78]

2011년 11월 9일 사퇴를 발표한 게오르기오스 파판드레우 총리는 "그리스는 가난한(poor) 국가가 아니라 '엉망으로 통치된(poorly-administered)' 국가다"라고 말한 적이 있다. 자기 성찰에 대한 객관적 진단으로 들리지만, 그리스가 위기에 직면한 이유 중에는 파판드레우 총리를 포함한 정치 리더십의 무능과 탈법도 마다 않는 도덕적 해이도 포함된다.

알려진 대로 그리스는 2002년 유로존에 가입하기 위해 재정 적자 규모가 국내총생산의 3% 미만이어야 한다는 조건을 맞추려고 골드만삭스의 도움을 받아 회계 장부를 조작한 바 있다. 2010년 기준으로 그리스의 실제 부채 규모는 3,550억 유로로서 국내총생산인 2,400억 유로의 160%를 차지했다. 이러한 사기를 자행한 그리스에 2020년까지 적어도 4,400억 유로를 쏟아부어야 한다면, 독일을 비롯한 여타 유로존 국가 국민들이 완강하게 반대하는 입장을 이해할 만하다.

그리스 정부는 부패를 퇴치하는 차원에서 1만5,000건에 이르는 370억 유로 규모의 탈세 리스트를 만들었다. 2010년 그리스 정부의 세입이 900억 유로인 점을 감안하면 정부 수입으로 들어와야 할 막대한 세금이 새어 나가고 있었던 것이다. 탈세에 관한 실례로 그리스는 유럽에서 가장 많은 선박을 소유하고 있지만, 다른 국가의 국기를 달고 항해함으로써 그리스의 선박 소유자는 아무도 세금을 내지 않는다. 바코야니스 전 그리스 외무장관은 2011년 11월 7일자 독일 주간지 〈슈피겔〉과의 인터뷰에서 그리스 정부 시스템을 전격적으로 개편하지 않으면 그리스에 미래가 없다고 말했다.

독일의 경제 전문가이자 뮌헨의 경제연구소 IFO의 소장 한스 베르너 진은 〈슈피겔〉과의 인터뷰에서 그리스의 구제 방안은 소용없으며, 그리스 본래의 화폐인 드라크마로 환원하는 것이 그리스의 국가 이익을 위해 좋을 것이라는 주장을 폈다. 베르너 진 소장은 그리스가 드라크마를 44% 평가절하하면, 그리스 물가는 터키 수준이 될 것이라고 말하며, 그렇게 되면 그리스 상품은 다시 팔리기 시작하고 해외 관광객들도 그리스를 찾을 것이라고 전망했다. 그는 "이미 부유한 그리스 사람들은 재산을 오래 전에 해외로 빼돌렸다. 그 자금은 그리스가 경쟁력을 되찾을 때만 돌아올 것이다"라고 역설했다.

2012년 2월 21일 유로존 국가 재무장관들이 그리스에 대한 1,300억 유로의 2차 구제금융에 합의했다. 덕분에 그리스는 채무불이행(디폴트) 사태는 피하게 된 것처럼 보였다. 2차 구제 방안이 결정되었지만, 이를 두고 좋은 소식으로 받아들이는 전문가들은 별로 없었다. 독일의 하랄드 하우 경제학 교수는 2012년 3월 9일자 〈슈피겔〉과의 인터뷰에서 "구제 방안은 납세자들에게 부담을 줄 뿐 더 커다란 위기를 불러올 것이다"라고 비관적 입장을 보였다.

그렇게 3년을 끌어오다가 결국 2015년 7월 3일 유럽재정안정기금(EFSF)은 그리스의 디폴트(파산)를 공식 선언했다. 이로써 그리스는 선진국 가운데 최초로 디폴트를 맞은 국가가 되었다. 그런데 그렉시트가 가져올 유로존의 부정적인 파장을 인식한 EU 지도부는 디폴트 선언 열흘 뒤인 7월 13일 유럽재정안정기금(EFSF)을 통해서 향후 3년간 820~860억 유로를 지원하기로 했으며, 그리스가 고강도 긴축개혁법안을 통과시킴으로써 그렉시트 가능성이 일시적으로 해제되었다. 다시 말해, 그렉시트의 가능성은 여전히 잠복해 있다.

이런 차원에서 그렉시트와 브렉시트의 공통점은 둘 다 아직 완성된 사건이 아니라는 것이다. 그렉시트는 국민투표에서 부결되었고, 트로이카(유럽집행이사회, 유럽중앙은행, IMF)의 구제로 그리스는 재정위기에서 연명한 상태지 채무가 종결된 것이 아니다. 브렉시트도 국민투표의 결과지만 EU와의 협상에서 나타날 변수에 따라서 운명이 결정된다.

한편, 두 사건의 차이점은 그렉시트는 유로존 탈퇴와 함께 EU 탈퇴까지 의미하지만 브렉시트는 EU 탈퇴만을 의미한다는 것이다. 그러나 그렉시트가 영국이 가입되지 않은 솅겐 조약 이탈을 자동적으로 동반하는 것은 아니다.

3장

유럽 통합의 종말,
그리고 세계는…

BREXIT

1

영국의
선택

브렉시트 협상을 진행하기 전에 메이 내각은 어떤 방식의 브렉시트를 택할지 전략을 세워야 한다. 대표적으로 4가지 옵션이 있지만, 한 가지 전략을 수립해서 추진해도 2년 내에 EU와 협상에서 합의에 도달할 수 있을지 미지수다. 런던정경대(LSE) 경제학과 토머스 샘슨 교수의 '브렉시트 이후의 삶(Life After Brexit)'[1] 보고서의 서론은 이렇게 시작한다.

───── 영국이 EU 탈퇴를 지지했다고 가정해보자. 그 다음은 무슨 일이 벌어질 것인가? 불행하게도 아무도 확실하게 그 답을 알지 못한다. 잔류가 과반수라면 이것은 현상 유지에 대한 투표인 것이고, 영국

의 기존 경제와 정치적 관계에는 별다른 변화가 없을 것이다. 그러나 탈퇴 투표의 여파는 다음에 무슨 일이 생길지를 더욱 더 불확실하게 만든다는 것이다.[2]

영국 유권자의 과반수가 브렉시트를 찬성하는 결과가 나왔고, 그다음에 무슨 일이 벌어질지 모른다고 할 수 없는 것은 그 여파가 여러 곳에서 나타나고 있기 때문이다. 메이 총리가 언급한 "브렉시트는 브렉시트다"라는 말의 진의가 '하드 브렉시트'라는 정황은 이미 9월 7일 메이 총리가 국회 연설에서 "브렉시트는 스위스식도 노르웨이식도 아닌 영국식을 개발하는 중이다"라고 말한 데서 찾을 수 있다. 그러면 하드 브렉시트는 어떤 형태가 될지 추정해보고 영국이 선택할 수 있는 옵션에는 어떤 것들이 있는지 살펴본다.

노르웨이 모델: 유럽경제지역 옵션

유럽경제지역은 EU 회원국이 아닌 유럽 국가에게 단일시장의 회원국이 될 수 있는 길을 열어주기 위해 1994년 설립되었다. 유럽경제지역은 EU의 모든 회원국과 함께 아이슬란드, 리히텐슈타인, 노르웨이로 구성된다. 유럽경제지역 안에서는 4가지 자유이동(상품, 서비스, 노동력, 자본)이 가능하다. 유럽경제지역 회원국은 단일시장의 일부이기 때문에 단일시장에 관한 고용, 소비자 보호, 환경, 그리고 경쟁 정책과 관련한 EU의 규정을 실행해야 할 의무가 있다.

유럽경제지역 회원국은 통화 동맹과 EU의 공동외교안보정책(Common Foreign and Security Policy, CFSP) 또는 EU의 법률과 국내 정책에 참여할 의무가 없다. 유럽경제지역 회원국은 공동농업정책에도 참여하지 않는다. 브렉시트는 EU의 공동농업정책에 관여하지 않음을 뜻한다. 영국이 순수한 수혜자는 아니기에 이 부분은 이득이 될 수 있겠지만, 영국 정부가 새로운 농업 보조금을 도입하지 않는다면 영국 농민들은 브렉시트의 피해자가 될 수 있다.[3]

유럽경제지역은 EU의 관세동맹과 무관하므로 EU 역외 국가들과 대외 관세를 책정하고 무역 협상도 자유롭게 진행할 수 있다. 유럽경제지역 회원국은 단일시장에 속하기 위한 비용을 지불한다. 지불 방법은 EU의 지역개발기금에 내거나 참여하는 EU 프로그램에 비용을 내는 것이다. 2011년 노르웨이가 낸 비용은 국민 1인당 106파운드로 영국의 128 파운드보다 적다. 따라서 유럽경제지역을 통한 방법은 영국 정부가 회계상 절감하는 데 크게 도움이 되지 않는다.

유럽경제지역에 참여하는 것은 영국이 유럽 통합의 다른 형태에 참여하지는 않지만 단일시장에 남는 것을 허락해준다. 그래서 EU의 경제적 혜택을 유지하는 것을 중요시 여기는 사람들에게 매력적인 옵션이다. 그러나 회원 비용을 내고 EU 규정에 따라야 하는 점 외에 단점도 있다. 노르웨이는 EU의 관세동맹에 속하지 않기 때문에 노르웨이 수출품은 EU의 관세 자유 지역에 들어가기 위해서 원산지 규정을 충족해야 한다.

글로벌 공급망이 점점 더 복잡해짐에 따라 한 상품의 원산지 규정을 명시한다는 것은 비용 지출을 초래한다. 영국이 유럽경제지역에 가입한다면 이런 비용을 영국 회사들이 떠맡아야 한다. EU는 유럽경제지역 수입품에 대해서 반덤핑 조치를 취할 수 있다. 2006년 EU는 노르웨이 연어에 대해서 16%의 관세를 부과한 적이 있다.

유럽경제지역 회원권이 EU와 무역하는 데 비용을 증가시킨다는 점 말고 노르웨이 모델을 채택하면 정치적인 면에서 더 큰 문제가 발생한다. 바로 유럽경제지역 회원국은 단일시장을 통제하는 EU 법률을 따라야 하지만 법률 제정 과정에서 아무런 영향력을 행사하지 못한다는 것이다. 즉 EU를 탈퇴하고 유럽경제지역에 가입하면, 영국은 EU의 모든 의사결정권에 대한 영향력을 포기하게 되는 것이다. 이런 점에서 EU 탈퇴 결정이 EU에 영국 주권을 양도하는 것에 대한 반대의 표였다면, 유럽경제지역에 가입하는 것은 선거 결과의 담긴 정신에 위배되는 것으로 해석될 소지가 있다.

브렉시트 이후 영국의 대안이 유럽경제지역인 경우, 영국의 법적인 결정권이 미치는 영역과 미치지 않는 영역이 나뉜다는 사실을 일반 유권자들이 자세히 알지는 못하는 상태다.

유럽경제지역을 택할 경우 농업, 어업, 사법, 수송, 부가가치세, 세관 업무 등은 영국 관할에 놓이지만, 고용, 사회 법규, 4가지 자유(노동, 자본, 상품, 서비스), 국가 보조, 경쟁과 소비자 정책 그리고 대부분의 환경 법규는 EU와 유럽사법재판소 관할에 있게 된다. 이런 맥락에서, 《유럽, 머물 것인가, 나갈 것인가(Europe: In Or Out)》의 저자인 데이비드 차터가 "유권자들은 영국의 EU 탈퇴가 가져오는 위상에 대해서 제대로 알지 못해서, EU와 유럽경제지역 밖에 있는 것에 아무런 부담을 느끼지 않는 사람들만 브렉시트를 택할 것이다"[4]라고 표현한 것은 유럽경제지역 협상조차 EU로부터 완전히 벗어나는 틀이 아님을 알려준다.

스위스 모델: 양자 협약 옵션

스위스는 EU 회원국도 아니고 유럽경제지역 회원국도 아니다. 대신 스위스는 EU와 일련의 양자 협약을 체결하여 각 조약마다 스위스가 EU의 특정 정책이나 프로그램에 참여할 수 있는 길을 열어놓았다. 예를 들어 보험, 항공 통제, 연금, 사기 방지 등에 관한 스위스 EU 간의 양자 협약이 그것이다. 스위스는 유럽자유무역연합(EFTA) 회원국으로 농산물 외 모든 상품에 대해 EU와 자유무역이 허용된다.

양자 협약식 접근은 스위스가 참여하고 싶은 EU의 정책을 선택할 수 있는 재량을 허용한다. 스위스는 유럽자유무역연합 회원권과 무역하는 데 기술적인 장벽을 포함하는 협정을 통해서 유럽경제지역 회원국과 유사한 수준의 상품 시장 통합을 EU와 성취해냈다.

2014년 2월 스위스는 국민투표를 통해서 EU로부터 이민을 제한하도록 했음에도 불구하고, 스위스와 EU 간에 국민들의 자유로운 이동이 가능하다. 사실 스위스 국민투표 결과는 국민의 자유로운 이동을 보장하는 EU와의 협정과 위배된다. 따라서 스위스 정부가 투표 결과를 이행할지, 그리고 그 결과로 스위스와 EU 관계에 어떤 영향을 줄지는 지켜봐야 한다.

스위스와 EU는 서비스 분야의 거래를 다루는 종합적인 협약에 도달하지 못한 상태다. 따라서 스위스는 서비스에 대해서 단일시장의 일부가 아니며 스위스 금융기관들은 런던에 있는 자회사를 통해서 EU 시장에 접근하고 있다. 유럽경제지역 회원국과 같이, 스위스는 EU 프로그램을 기획하는 데 전혀 영향력을 갖고 있지 못하다. 스위스는 프로그램 참여 여부는 정할 수 있어도, 프로그램의 내용을 짜는 권한은 갖지 못한다. 조약은 스위스가 EU가 입안한 정책과 법률을 시행하도록 요구하고 있다.

이런 의미에서 스위스는 통합을 주권과 거래하고 있는 셈이다. 스위스는 대부분의 EU 경제 규정을 받아들여 상대적으로 긴밀한 통합을 EU와 유지하고 있다. 유럽경제지역 회원국처럼 스위스는 EU 지역 펀드와 EU 프로그램에 참여하는 비용을 내기 위해서 재정적인 부담을 지고 있다. 최근 몇 년간 스위스의 부담은 국민 1인당 연간 53파운드로, 영국의 부담보다 60%가량 낮다.

브렉시트에 따른 영국이 유럽 통합에 대해서 '선택 메뉴식(a la carte)' 접근을 추구할 경우, 스위스 모델은 나름 설득력을 지닌다. EU는 메뉴에 적힌 모든 것을 영국에 제공할 의무가 없다. 즉 스위스 모델은 EU와 유럽경제지역 회원국에 제공하는 단일시장 접근을 같은 수준으로 보장하지 않는다.

스위스 모델은 전반적으로 영국과 EU 사이에 경제적 통합의 정도가 유럽경제지역 회원권보다는 덜하긴 해도, 브렉시트에 따른 더 높은 경제적 비용을 내야 한다. 스위스 모델은 또한 주권의 일부를 포기해야 한다. 왜냐하면 영국은 더 이상 EU 결정권에 대한 발언권은 없지만 단일시장에 참여하기 위해서는 EU 법안을 채택해야 하기 때문이다.

유럽자유무역연합 옵션

노르웨이 또는 스위스 모델을 택하면 영국은 유럽과 경제적으로 통합된 상태로 남게 되고, 적어도 단일시장에 부분적으로 참여할 수 있다. 그러나 브렉시트 찬성 투표는 영국이 EU와의 더 결정적인 단절의 길을 열어놓는다. 영국은 1957년 유럽경제공동체 가입을 택하지 않고 차선책으로 유럽자유무역연합을 창설했다. 유럽자유무역연합은 농산물을 제외한 모든 상품을 포함하는 자유무역 지역이다. 유럽자유무역연합은 EU와 여타 국가들과 FTA를 맺고 있다.

영국이 유럽자유무역연합에 재가입하는 것은 영국 상품이 EU에 관세 없이 접근할 수 있도록 보장해 주고, 역으로 EU로부터의 상품 수입에도 세금을 부과하지 못하게 한다. 그러나 유럽자유무역연합은 영국과 EU 간에 사람과 서비스의 자유로운 이동을 허용하지 않는다. 영국이 단일시장에 속하지 않기 때문에 유럽자유무역연합에 재가입하면 영국의 경제 규제와 EU의 경제 규제 간에 점진적인 상이점이 커져서 결국 영국과 EU 간 무역에서 비관세 장벽을 높이게 될 것이다. FTA는 금융 부문을 커버하지 못할 가능성이 있기에 은행들은 런던과 EU 사이에 금융 거래를 보장하는 일명 'EU 패스포트'를 상실하게 된다.[5]

1960년 유럽자유무역연합이 가동되었을 때, 관세 인하가 무역 비용을 줄이고 국제 경제 통합을 증진시키는 주된 목표였다. 그러나 WTO, EU 등 다른 지역 무역 협정들의 관세 인하가 성공하며 오늘날 비관세 장벽과 서비스와 자본의 거래를 유도하는 범대서양무역투자동반자협정 같은 무역 협상으로 초점을 옮기게 만들었다. 유럽자유무역연합은 이 분야에서 통합을 증진시키는 장치로 고안되어 있지는 않다. 결과적으로 모든 유럽자유무역연합 회원국들은 EU에 가입하거나 다른 채널을 통해서 EU와 더 공고한 통합을 찾게 되었다. 예를 들면, 유럽자유무역연합 회원국이었고 냉전 시절 중립 외교 노선을 폈던 스웨덴, 오스트리아, 핀란드가 1995년 EU에 가입했다.

현재 유럽자유무역연합 회원국은 아이슬란드, 리히텐슈타인, 노르웨이, 스위스다. 이중에 아이슬란드, 리히텐슈타인, 노르웨이는 유럽경제지역 회원국이고 스위스는 EU와 양자 협정을 맺고 있다. 영국의 관세 철폐를 제외한 모든 형태의 경제 통합에서 배제되기를 원하지 않는다면, 유럽자유무역연합 재가입이 브렉시트 이후에 문제를 해결해 줄 독립적 해결책은 아니다.

WTO 옵션

앞서 언급한 3가지 선택을 염두에 두지 않은 채 영국이 EU를 탈퇴했을 경우, 영국의 EU와 나머지 국가와의 무역은 WTO의 관할에 놓이게 된다. 161개 회원국을 둔 WTO 관할 하에서 각 회원국은 다른 WTO 회원국에 같은 관세를 부과하는 '최혜국' 시장 접근권을 제공해야 한다. 이 원칙에 유일한 예외 조항은 EU 또는 유럽자유무역연합 같은 자유무역협정을 택하는 국가들이 개발도상국에 '우선적 시장 접근권'을 줄 수 있다는 것이다.

영국은 WTO 회원국으로서 EU와 WTO 회원국에 대한 수출이 수입국가의 최혜국 관세 대상이다. EU와 유럽자유무역연합 회원권과 비교해서 이 옵션은 EU에 수출하는 영국 회사의 수출 비용을 증가시킨다. 더불어 영국의 서비스 분야 무역 또한 WTO 규정에 지배를 받는다. WTO는 서비스 분야의 무역을 자유화하는 데에 EU보다 진척을 덜 보였기 때문에, WTO 옵션은 영국 서비스 업체들의 EU 시장에 대한 접근권이 줄어들었음을 뜻한다.

WTO 규정은 자동차와 제약 같은 핵심 산업의 수출 관세에만 적용된다. 이 점에서 카를로스 곤 르노 닛산 회장은 완성차의 대부분이 EU로 팔리는 선더랜드 공장에 추가로 투자할 경우 브렉시트로 인하여 발생하는 관세에 대해서 영국 정부가 보상을 약속하라고 언급한 바 있다. 곤 회장은 브렉시트가 WTO 규정하에서 유럽과 무역하는 형태로 협상이 이루어지면, 선더랜드 공장은 경쟁력을 잃을 것이라고 했다. 그 이유는 EU의 수입관세로 인하여 영국에서 제작된 차의 가격이 10% 추가될 것이기 때문이다.[6]

WTO에는 노동력의 자유로운 이동을 보장하는 조항이 없다. 따라서 영국과 EU 간에 노동력의 자유 이동은 중단될 것이다. 그러나 영국과 EU 간의 자본의 자유로운 이동은 지속될 가능성이 많다. 왜냐하면 EU는 역내에서뿐만 아니라 EU 밖의 국가와도 자본의 이동을 제한하는 것을 금지하고 있기 때문이다. 흥미로운 것은 2011년 영국 의회 보고서에 따르면 WTO에서 영국의 영향력은 EU를 통해서만 발휘될 수 있다고 명시하고 있다는 점이다.

리엄 폭스 영국 통상장관은 WTO의 정회원권을 강조하며 영국은 다른 국가들과 무역할 수 있는 황금 같은 기회를 갖고 있다고 말했다. 영국이 EU를 탈퇴한 후에 WTO의 독자적인 정회원의 될 수 있는 기회를 얻었다는 폭스 장관의 주장은 그가 '하드 브렉시트'를 지지하고 있음을 시사한다. 폭스 장관의 발언은 단일시장에 접근이 지속되고 노동력의 자유 이동이 보장되는 '소프트 브렉시트'가 바람직하다는 정부 내부의 논쟁을 잠재우기 위한 시도로 해석된다.

메이 총리는 영국을 위한 맞춤형 협정이 가능하다며, EU 지도자들이 타협점을 찾아줄 것이라고 주장해온 반면, 폭스 통상장관은 EU 무역 규정을 따르는 것보다 WTO 규정에 따른 무역 옵션에 더 기우는 듯한 입장을 보인 것이다.[7] 총리와 장관의 다소 다른 행보는 영국의 옵션을 십분 활용하는 전술로 해석된다.

영국 주간지 〈이코노미스트〉 2016년 10월 8일자는 브렉시트를

"세계에서 가장 복잡한 이혼"이라고 칭하며, 영국 외교관들의 또 다른 중요한 임무로 WTO 재가입 문제를 다음과 같이 언급했다.

━━ EU 회원국을 통해 영국은 WTO의 회원국이며, WTO 53개 회원국과 FTA를 맺은 것이다. 따라서 EU를 탈퇴하면 이 모든 것을 상실하게 된다. 따라서 영국이 개별 국가로서 WTO의 다른 회원국의 승인을 얻어 재가입해야 하는 것은 시급한 사안이다.[8]

3-1 EU 밖 영국의 선택 장단점

선택 모델	장점	단점
유럽경제지역 노르웨이 모델	• 단일 시장에 귀속 • EU와 독립적으로 무역 협상 가능	• 단일 시장 정책에 따라야 하지만, 단일 시장에 관한 규정을 정하는 데 참여하지 못함 • EU 수출을 위해 원산지 규정에 부합해야 하고, EU의 반덤핑 조치를 받을 수 있음 • EU 예산에 분담금을 내야 함
양자 협정 스위스 모델	• EU와 상품과 사람의 자유이동을 통한 자유무역 • EU와 독립적으로 무역 협상 가능 • 영국의 항목별 선택 식 접근은 경우에 따라 EU 프로그램에서 불참 허용	• 양자 협정은 스위스가 EU 규정 준수 요구하나 스위스는 EU 의사결정 과정에 참여 못함 • 서비스 분야 무역에 대해서 EU와 협정 없음 • EU 프로그램에 참여하기 위한 비용 지불하나 유럽경제지역 옵션보다 낮은 비용이 될 가능성 있음
유럽자유무역연합 옵션	• EU와 상품에 대한 자유무역 • EU와 독립적으로 무역 협상 가능 • EU 경제 정책 채택 불필요하나, 규정은 따라야 함 • EU 예산에 분담금 낼 의무 없음	• EU와 노동의 자유 이동 없음 • EU 시장에 서비스 제공자를 위한 접근권 없음 • EU에 수출되는 상품은 EU 기준에 맞아야 함
WTO 옵션	• EU와 독립적인 무역 협상 가능 • EU 경제 정책과 규정 채택 불필요 • EU에 분담금 납부 의무 없음	• EU와 무역은 최혜국 관세와 WTO 협정에 부합되는 비관세 장벽 적용 • EU와 노동의 자유 이동 없음 • EU 시장에 서비스 제공자를 위한 접근권 없음 • EU에 수출되는 상품은 EU 기준에 맞아야 함

'하드 브렉시트'로 구분되는 WTO 재가입 옵션을 언급한 리엄 폭스 통상장관의 의중이 영국 정부 입장과 일치한다면, 영국 외교관들과 정부 관계자들이 EU와는 별개로 2년 안에 WTO 재가입을 위한 협상을 이끌어내는 것만으로도 시간이 부족할 수 있다. 따라서 2017년 3월 리스본 조약 50조를 발동하기 전에 영국 정부의 협상 전략의 방향이 분명히 정해져야 한다.

2차 국민투표 가능성

6월 23일 국민투표 이후 브렉시트 결정으로 인하여 영국은 후회와 혼란 속에 처해 있다. 영국 일간지 〈인디펜던트〉가 실시한 여론 조사에 따르면, 응답자 10명 가운데 4명은 영국이 공식적으로 EU를 탈퇴하기 전에 2차 투표를 원한다고 밝혔다. 영국 정부가 내놓은 브렉시트 협상안에 대해서 국민투표에 붙여야 한다는 제안에 대해서 EU 탈퇴에 찬성했던 유권자의 12%가 지지를 표했다.[9] 즉, 브렉시트를 찬성했던 유권자 8명 가운데 1명은 2차 투표를 한다면 마음이 바뀔 것이라는 의견이다. 브렉시트를 후회한다는 뜻의 '브리그렛(Bregret)'이라는 신조어까지 등장했다. 웨일스에서도 2차 투표를 하면 EU 잔류가 53 : 47로 과반수가 넘는다는 여론 조사가 나왔다.

6월 23일 투표에서는 탈퇴가 52.5%로 잔류 47.5%를 앞질렀다. 브렉시트를 찬성했던 유권자 가운데 6% 정도가 EU에 잔류하는 것

에 지지를 보내기로 태도를 바꾼 것이다.[10]

6월 23일 선거가 끝난 지 100일 기념으로 유고브가 실시한 여론 조사 결과는 또 다른 충격을 준다. 응답자의 77%가 브렉시트로 영국 경제가 부정적인 영향을 받을 것이라고 응답했고, 73%가 브렉시트로 직장 구하는 데 어려움이 있을 것이라고 했으며, 77%가 브렉시트로 영국의 국제 영향력이 줄어들 것이라고 답했다.[11]

이 여론 결과만으로 보면 2차 국민 투표에서는 브렉시트가 번복될 것이 확실시된다. 한편, 이 같은 여론 조사 결과는 지난 선거 기간에 EU 잔류 지지 진영에서 브렉시트가 장기적으로 양국에 손해가 된다는 사실을 유권자들에게 확신시키는 노력이 부족했다는 결론이 된다. 한 가지 확실한 것은 투표가 끝나고 많은 유권자들은 현실을 직시하게 된 것으로 보인다.

브렉시트 투표 이후 재투표를 요구하는 청원이 400만 명이나 되었을 때, 재투표 가능성에 대해서 의문을 제기했지만, 메이 총리는 "브렉시트는 브렉시트다"라며 단호하게 재투표 가능성을 배제한 상태다. 그러나 그동안의 역사에 비추어보면, EU의 뜻에 맞지 않는 결과가 나온 국민투표는 재투표가 실시된 전례들이 있다.

1992년 덴마크의 마스트리흐트 조약 거부 국민투표는 결국 재투표로 통과되었고, 노르웨이의 EU 가입도 1972년과 1994년 두 번에 걸친 국민투표에서 부결된 적이 있다. 2005년 EU 헌법을 프랑스와 네덜란드가 거부해서 수정된 법안이 리스본 조약으로 2009년 조정되면서 재투표에서 승인된 적이 있다. 아일랜드는 리스본 조약에 대해서 2008년 1차 국민투표에서 거부했지만 2009년 2차 국민투표에서는 통과되었다.

이 같은 전례에 비추어 브렉시트의 재투표 가능성은 열려 있다는 것이 학자들과 전문가들의 의견이다. 예를 들어, 런던정경대 경제학과에서 국제무역을 가르치는 토머스 샘슨 교수는 "영국과 EU의 브렉시트 협상 과정에서, 국민들에게 EU 탈퇴의 의미가 6월 23일 투표에서 제대로 전달되지 않은 점을 들어 재투표의 필요성을 제기한다면 2차 투표도 가능하다"[12]라고 답했다. 이는 '유권자들이 브렉시트의 의미를 제대로 모르고 있다는 사실을 전제로 한 정치적 돌파구 마련이 가능하다는 뜻이다. 반면, 런던정경대 국제관계학과 크리스토퍼 코커 교수는 "브렉시트와 관련한 2차 투표는 없을 것이다"[13]라고 단호하게 말했다.

BREXIT

2

—

브렉시트가
국제 정세에
미칠 영향

브렉시트가 가져올 여파에 대해 〈한국일보〉 6월 29일자 기고에서
필자는 이렇게 언급했다.

■■■ 브렉시트를 저지하기 위해 노력했던 데이비드 캐머런 영국 총리의
발언 가운데 두 가지가 떠오른다. 먼저 그는 국민투표 한 달 전 "영
국은 유럽에 등을 돌렸을 때마다 후회해왔다"라고 말했다. 그의 말
처럼 브렉시트 찬성 투표 결과에 대해 보수당과 노동당이 당혹해하
며 전열을 가다듬지 못하고, 재투표를 청원한 수가 약 400만 명이
나 되는 것을 보면 영국은 지금 후회하고 있는 게 분명하다. 캐머런
총리는 또한 투표 며칠 전에는 이렇게 강조했다. "영국은 EU 내에

서 더 안전하고 더 강하다." 이 같은 발언은 안보 문제와 직결된 것이라 시사점이 크다. 브렉시트는 중장기적으로는 국제 안보에도 지대한 영향을 줄 것으로 예상된다.[14]

　지난 25년간 EU는 공동외교안보정책을 공들여 진전시켜왔다. 사실 EU의 출발도 두 번의 전쟁을 치른 유럽에서 갈등을 없애자는 취지에서 시작되었다. 최근에만 해도 EU는 서류상의 공동외교안보정책에 그치지 않고, 이란의 핵 문제에 대한 대응과 러시아의 우크라이나 침공 후 러시아에 대한 제재 조치를 공동으로 실천해왔다. 영국의 전 외무장관 사이먼 프레이저 경은 "브렉시트는 세계에서 영국의 역할을 감소시킬 것이다"라고 말한 바 있다. 이는 비록 영국이 UN 안전보장이사회 상임이사국 5개국 가운데 하나로서 거부권을 갖고 있지만, 앞으로 경제는 물론 안보에서 영국의 영향력이 전과는 달라질 것임을 경고한 것이다.
　브렉시트를 지지하는 측은 국방 문제는 북대서양조약기구가 책임져 준다고 주장하고 있다. 그러나 이는 유럽의 안보와 국방 환경을 제대로 이해하지 못하는 데서 나오는 단편적인 주장에 불과하다. 유럽의 안보와 국방 문제는 3단계로 이해할 수 있다. 첫째, 전통적인 개별 국가 단계, 둘째 북대서양조약기구라는 집단 안보체제 단계, 그리고 마지막으로 EU 차원의 공동 안보 및 방위정책 단계다. 여기서 주목할 것은 이 3단계가 서로 중복되기도 하고 교차되어 상호의존적인 특징을 갖는다는 점이다.

물론 UN과 유럽안보협력기구(Organisation for Security and Cooperation in Europe, OSCE)[15]에 EU 회원국들이 가입되어 있기 때문에, 유럽 안보 문제가 이 두 국제기구의 관할임에 틀림없다. 그러나 실제로 유럽안보협력기구는 유럽에서의 무력 충돌을 막는데 실질적인 역할을 하고 있지 못하다. 1990년 말의 코소보 분쟁부터 러시아의 크림 반도와 우크라이나 침공에 이르기까지 유럽안보협력기구는 UN과 마찬가지로 분쟁 방지나 종식에 실질적인 영향력을 행사하지 못했다. 그러나 유럽안보협력기구는 무력 충돌 방지 이외에 국경 수비, 소수 인권, 환경 보호, 대테러 문제 등과 같은 부문에서 57개 회원국이 협조 체계를 갖추고 있다[16]는 점에서 존재 의미를 과소평가할 수는 없는 노릇이다.

유럽에서 공동 방위 정책 논의가 시작된 것은 1948년 영국, 프랑스, 베네룩스 3국이 브뤼셀 조약에 서명한 때로 거슬러 올라간다. 이 조약은 상호 방위에 대한 내용을 담고 있고 1990년대 말까지 이어져 온 서유럽동맹(WEU)[17]의 근간이 되었다. 서유럽동맹은 북대서양조약기구와 더불어 유럽에서 안보국방에 관한 자문과 대화 통로로서 역할을 했다. 1999년에는 EU가 외교 문제에서 한 목소리를 내고자 암스테르담 조약을 통해 공동외교안보정책 대표부를 설립했다. 같은 해 베를린 플러스 협정을 통해서는 EU가 북대서양조약기구의 군사 장비와 시설을 공유할 수 있는 틀을 마련했다.

그리고 2009년 12월 발효된 리스본 조약으로 EU의 공동안보국방정책[18]이 구성되고 이를 관장할 부서로 유럽대외관계청(EEAS)이 2011

3-2 9개 EU 배틀 그룹 국가별 조합		
프랑스, 독일, 벨기에, 룩셈부르크, 스페인	프랑스, 벨기에	독일, 네덜란드, 핀란드
독일, 체코, 오스트리아	이탈리아, 헝가리, 슬로베니아	이탈리아, 스페인, 그리스, 포르투갈
폴란드, 독일, 슬로바키아, 라트비아, 리투아니아	스웨덴, 핀란드, 노르웨이	영국, 네덜란드

년 설립되었다. 이처럼 EU의 안보와 국방 정책은 서유럽동맹에서 공동안보국방정책까지 상당한 진전을 보였다. 특히 공동안보국방정책의 실질적인 전투 동원 병력으로서 EU 배틀그룹의 구성은 EU의 국방력에서 괄목할 만한 성과다. EU 배틀그룹은 대대 규모로 구성된 2개 이상의 EU 회원국의 실전 투입 기동부대로서 작전 승인 5일 안에 배치가 가능하고 120일간 작전을 수행할 능력을 갖추고 있다. 그러나 브렉시트로 인해 영국과 네덜란드가 속한 EU 배틀그룹뿐만 아니라 전체 작전 수행 개념을 새로이 짜야 되는 상황이 되었다.

게다가 프랑스 안보 전문가 피에르 라루는 공동안보국방정책에서 필수적인 참여국인 영국이 브렉시트 때문에 빠지면, 프랑스만 주요국으로 남게 될 것이라고 우려를 표했다.[19]

2016년 9월 23일 런던을 방문한 마르틴 슐츠 유럽의회 의장과 마이클 팰런 영국 국방장관과의 대담은 브렉시트가 가져올 안보 측면에서의 변화를 엿볼 수 있다. "북대서양조약기구에 라이벌이 되는 어떤 시도도 영국은 반대한다"라는 마이클 팰런 영국 국방장관의 발언에 대해 유럽의회 의장인 마르틴 슐츠 의장은 "영국은 브렉시트 전이나 후로 EU 군대에 대한 거부권을 갖지 못한다"[20]라고 응수했다.

더욱이 슐츠 의장이 "안보과 국방 정책 부문에서 EU가 핵심 회원국을 잃는 것은 사실이지만, 역설적으로 그러한 분리가 남은 회원국들을 더욱 긴밀하게 통합시키는 자극제가 될 것이다"라고 말한 것을 보면, 브렉시트의 여파를 애써 무시하려는 듯한 인상을 주고 있다.

2016년 9월 27일 슬로바키아의 수도 브라티슬라바에서 열린 EU의 비공식 국방장관회담에서 이탈리아는 유럽의 독자적 연합상비군을 창립하자는 제안을 했다.[21] 이 같은 배경은 그동안 유럽군 창설을 반대해 온 영국이 브렉시트 이후 참석하지 못함으로써 EU의 공동안보국방정책이 새로운 전기를 맞게 된 것이다.

신양극체제에서 국제 안보 구도

EU 회원국 간에는 안보와 정보 협력도 이루어지고 있다. 영국은 현재 유럽의 체포영장 정보 데이터베이스에 대한 접근을 통해 범죄와 테러로부터 더 안전을 보장받는다. 그런 측면에서 브렉시트는 국경통제와 경찰 협력을 약화시킬 수밖에 없다.

브렉시트 찬성자들은 영국의 국제 정보 공유가 '파이브 아이즈'

라고 불리는 영국, 미국, 캐나다, 호주, 뉴질랜드의 국가 정보망을 연결하는 것으로 충분하다고 주장한다. 그러나 영국 이외에 파이브 아이즈 4개 회원국들조차도 영국이 EU에 있어야 나머지 EU 회원국들의 정보 부서들과 협력하기가 더 수월하다고 말하고 있다.

브렉시트는 대내적으로 영국의 안보에 부정적 영향을 가져오지만 장기적으로는 세계안보 질서에도 영향을 미칠 수밖에 없다. 세계 안보 질서에서 차지하는 유럽의 위상을 감안할 때 영국의 이탈은 기존 질서에 균열을 가져오기 때문이다.

앞서 바르샤바 조약기구가 소멸되었을 때, 많은 사람들은 북대서양조약기구의 존재 자체가 무의미해졌다고 생각했다. 그러나 구 소련과 바르샤바동맹국에 의한 군사적 위협은 없어졌지만 유럽주둔 미군은 현재도 감축된 상태로 그대로 잔류하고 있다. 동시에 북대서양조약기구는 작전 반경을 유럽 밖으로 뻗치면서 친서방 또는 친미의 범세계적 집단안보체제인 '친미조약기구(Pro-American Treaty Organization, PATO)'로 확대되고 있다. 이런 맥락에서 미국은 유럽 밖의 친미 국가인 일본, 호주, 한국을 북대서양조약기구와 협력 관계를 통하여 범세계적 집단안보체제의 구축을 도모해왔다.

이에 맞서는 반대 진영이 1996년 창설된 상하이협력기구(Shanghai Cooperation Organization, SCO)다. 러시아, 중국, 카자흐스탄, 키르기스탄, 타지키스탄, 우즈베키스탄이 정회원국이다. 2008년 금융위기 이후 중국은 최대 외환 보유국으로 등장한 반면 러시아는 유가 폭락으로 경기 침체를 경험했다. 즉, 서구 세계에 큰 목소리를 높일 기회를 잡은 중국과 서구 자본력에 러시아 경제의 무기력함을 인정한 러시아 실세들이 더욱 결속을 강화할 필요성이 생겼다. 상하이협력기구는 에너지와 자원을 확보하려는 중국, 옛 소련의 영화를 되찾으려는 러시아, 그리고 서구식 민주주의와 자본시장으로부터 체제 유지가 절실한 중앙아시아 회원국 간 이해관계가 맞아 떨어지면서 강력한 구심력을 만들어내고 있다.

러시아는 구 소련의 아프가니스탄 정복 실패에 대한 콤플렉스를 지니고 있다. 이런 이유에서 구 소련 공화국인 투르크메니스탄, 우즈베키스탄, 타지키스탄과 접경한 아프가니스탄을 미국이 작전 지역으로 삼는 것을 환영할 이유가 없다. 미군의 아프가니스탄 주둔은 중국 입장에서는 미국의 포위 정책의 일환으로 해석할 수 있고, 러시아 입장에서는 남진 차단용이라는 인식을 갖고 있기 때문에 상하이협력기구에서 중국과 러시아 양국이 협력적 전략 관계를 다지고 있다.

'신양극체제' 란 북대서양조약기구와 친북대서양조약기구 진영 친미조약기구를 한 축으로 하고, 중국과 러시아가 주도하는 상하이협력기구와 친상하이협력기구 진영을 다른 축으로 한 대립 양상을 표현한 것이다. 신양극체제는 20세기 냉전 시절 자유민주 진영과 공산 진영이 대립했던 양극체제가 이념을 버리고 세계화라는 이름 하에 경제 우선 논리에 몰입된 21세기형 국제안보 구도를 지칭한다.

신양극체제에서 친미조약기구와 상하이협력기구의 지정학적 대립 지역이 유럽이다. 유럽에서 북대서양조약기구의 주둔 반경은 최근 러시아의 목전인 발트 3국과 폴란드까지 확대돼 있다. 이런 상황에서 "영국은 EU 내에서 더 안전하고 더 강하다"는 캐머런 총리의 발언이 유권자들을 제대로 설득하지 못한 것은 영국의 국익이나 서방의 안보를 수세로 몰고 간다는 측면에서도 커다란 사건이다.

2016년 10월 9일자 〈BBC〉 보도에 따르면 러시아가 북대서양조약기구 회원국인 폴란드와 리투아니아와 국경을 맞대고 있는 칼리닌그라드에 핵탄두 장착이 가능한 이스칸데르(Iskander) 미사일을 배치했다. 폴란드는 러시아의 이스칸데르 미사일 배치를 최고 경계 태세로 여기며 상황을 예의 주시하고 있다. 이스칸데르 미사일 시스템은 사정거리가 700킬로미터여서 독일의 수도 베를린을 타격할 수 있다. 이 같은 러시아의 미사일 배치 결정은 북대서양조약기구가 2017년에 폴란드, 리투아니아, 라트비아, 에스토니아에 4개 대대를 대치하는 것에 대한 러시아의 대응이라는 것이 미국 정보기관의 분석이다.[22]

러시아의 우크라이나 침공에 대한 경제 제재는 EU를 통해서만 가능하다. 브렉시트를 택한 영국은 더 이상 EU를 통해 러시아를 견제할 수 없게 되었다. 이런 점에서 브렉시트의 또 다른 파장은 기존 국제안보 균형에 균열을 가져왔다는 데서도 찾을 수 있다. 런던정경대 크리스토퍼 코커 교수가 "브렉시트의 승자는 중국과 러시아다"라고 말한 것처럼, 브렉시트는 결과적으로 신양극체제에서 EU뿐만 아니라 북대서양조약기구를 포함한 서방 진영의 결집력을 약화시킴으로써 상하이협력기구 세력에 힘을 실어주는 변수로 작용할 가능성이 크다.

3
—

중국과 러시아의 전략

2016년도 제16차 상하이협력기구 정상회담은 우즈베키스탄의 수도 타슈켄트에서 열렸다. 그런데 공교롭게도 영국의 EU 국민투표와 같은 날짜인 6월 23일이었다. 상하이협력기구의 창설 15주년 기념한 이 정상회담에 참가한 6개국 정상은 회원국 간에 안보뿐만 아니라 정치 · 경제 · 문화 등의 광범위한 분야에서의 협력 강화를 합의한 타슈켄트 선언(Tashkent Declaration)[23]을 채택했다.

주목해야 할 사건은 타슈켄트 상하이협력기구 정상회담시 시진핑(習近平) 주석이 세르비아와 폴란드에 국빈 자격으로 방문한 일이다. 시 주석은 세르비아 방문시 총리 알렉산다르 부치치(Aleksandar Vucic)를 만난 자리에서 중부 동유럽(CEE) 국가와의 협력을 중국과

EU 파트너십에서 우선시한다고 언급했다.[24] EU 회원국이 아닌 세르비아에서 중국–EU 파트너십을 언급한 것은 참모들의 실수였는지는 몰라도, 역사적으로 친 러시아 성향의 세르비아에서 중국의 행보는 시진핑 주석이 2013년 내세운 '실크로드 경제 벨트와 21세기 해상 실크로드 이니셔티브'의 일환이다. 이 새로운 외교 정책은 아시아, 유럽, 아프리카 대륙과 인근 해양의 연결성을 향상시켜 자원의 효율적인 할당과 더 공고한 시장 통합을 성취하는 것을 목표를 삼고 있다.[25]

시진핑 주석의 폴란드 방문 기간 중 중국의 성과는 2011년 폴란드와 체결한 '전략 동반자' 관계를 '포괄적 전략 동반자' 관계로 격상시킨 것이다.[26] EU뿐만 아니라 북대서양조약기구 회원국인 폴란드에 대한 중국의 접근은 상하이협력기구의 영향력 확대 차원에서 계획된 것으로 분석된다.

우즈베키스탄에서 열린 상하이협력기구 정상회담 직후인 6월 25일 푸틴 대통령은 국빈 자격으로 중국을 방문했다. 시진핑 주석이 집권한 2013년 이후 4번째 중국 방문으로 이 같은 빈번한 공식 접촉은 이례적이다. 2016년은 양국 간 전략적 동반자 관계를 맺은 지 20주년 되는 해다. 푸틴은 양국이 보여주는 신뢰는 그 어느 때보다 공고하다고 말했다.[27]

한편, 러시아와 터키 관계가 새로운 양상을 보이고 있다. "러시아와 터키가 시리아 내전에서 공동의 이해 관점 접점을 찾고 있다"라고 시작되는 〈러시아투데이〉 2016년 10월 10일자 기사에 따르면 푸틴 대통령과 에르도안 대통령의 만남을 통해서 양국의 관계 개선이 급물살을 타고 있는 것으로 보인다.

2015년 11월 터키가 러시아 Su-25 전투기를 시리아와 인접한 터키 국경에서 격추시킨 사건으로 양국 관계가 외교적 마찰과 무력 충돌 직전까지 갔던 상황과는 너무도 판이하게 바뀐 것이다. 러시아와 북대서양조약기구 회원국인 터키와의 무력 충돌은 북대서양조약기구 전체와의 대결로 치달을 수밖에 없는 일촉즉발의 상황까지 갔다. 그러나 푸틴 대통령은 터키 방문 기간에 경제적인 협력을 회유 수단으로 삼아 터키와 동맹을 맺자고 제안했다. 시리아 사태에 대한 정치적인 해결책을 찾는 터키와 이해관계가 맞아떨어졌기 때문이다.[28]

오랜 북대서양조약기구 회원국인 터키가 잠재적 적성국이나 다름없는 러시아에 손을 내미는 것은 또 다른 이유가 있다. 그간 터키의 EU 가입 노력에도 불구하고 실패한 쿠데타 진압 과정에서 반정부 세력에 대한 무차별한 탄압과 체포, 그리고 사형 제도 부활 움직임 등은 민주주의 가치와 인권을 중시하는 EU와의 관계에 찬물을 끼얹고 말았다. 에르도안 대통령은 경색된 EU 관계에 대한 돌파구로 러시아와 관계 개선을 꾀하고 있는 것이다.

이런 점에서 푸틴 대통령은 지난 7월 벌어진 쿠데타에서 터키가 회복되어 진정 국면을 맞은 것이 기쁘다며, 에르도안 대통령의 마음을 누그러뜨리는 발언으로 정상회담을 시작했다. 8월 9일 양국 정상회담 이후 이번 두 번째 만남에서 양국 관계의 해빙 조짐이 보였다. 우선 구체적인 사안으로 러시아에서 터키로 천연가스를 공급하기 위한 스트림 라인 프로젝트와 터키에 핵발전소 건설를 건설하는 논의를 재개했다.[29]

먼저 터키 스트림 가스 파이프 라인은 러시아의 흑해 해저를 경유해서 그리스에 이르는 114억 유로의 대형 프로젝트로서, 불가리아를 관통하려다가 취소된 사우스 스트림 프로젝트를 대신한 것이다. 터키 스트림 프로젝트는 2014년 12월 푸틴의 터키 방문시 처음 발표되었지만, 2015년 러시아 전투기 격추 사건으로 보류되었다가 터키가 이 사건에 대해서 8월에 공식적으로 사과한 후에 회생한 프로젝트다. 연간 320억 입방미터(m³)의 천연가스 수송 용량을 지닌 터키 스트림 파이프 라인은 2019년 완공 예정이다.

아쿠유(Akkuyu) 핵발전소 건설 사업 또한 양국 관계 개선 덕분에 탄력을 받고 있다. 1,200메가와트(MW) 용량의 원자로 4개로 운영되는 아쿠유 핵발전소는 러시아의 국영기업 로사톰에서 건설하기로 2010년에 양국 간 합의했고, 220억 달러가 투자되는 핵발전소의 1호기는 2020년부터 가동될 예정이다. 이 같이 최근 중국과 폴란드, 그리고 러시아와 터키의 관계 개선을 위한 움직임이 예사롭지 않다. 이 같은 일련의 국제 관계 변화는 북대서양조약기구의 최전방 두 회원국에 대한 상하이협력기구의 협공으로 해석된다. 과거 소련의 주도하의 바르샤바 동맹기구 회원국이었던 폴란드가 냉전 이후 EU 회원국과 북대서양조약기구 회원국이 된 상황에서 상하이협력기구는 옛 바르샤바 조약기구의 새로운 이름처럼 다가온다.

유럽뿐만 아니라 미국이 중요시하는 아시아에서 중국의 영향력이 확대되고 있다. 최근 말레이시아와 필리핀의 친중국 움직임은 종전과 다른 양상의 국제 역학 구도의 변화다. 필리핀은 대표적인 친미 국가였지만 두테르테 대통령 취임과 함께 친중으로 돌아섰다.

말레이시아는 미국과 합동 군사훈련을 하는 등 군사적 연대를 맺고 있지만, 화교 자본이 경제를 쥐고 있는 현실을 고려해 중국과도 원만한 관계를 유지했다.[30]

그동안 아세안 10개 회원국 가운데 캄보디아와 라오스가 친중 국가로 분류되었다. 나머지 회원국은 친미 또는 중립적 성향을 보여왔다. 말레이지아 나집 총리는 방중에 앞서 "중국과의 관계가 최고조에 달하고 양국 협력이 새 장에 접어들도록 노력하겠다"며 중국과의 '밀월'을 예고했다. 나집 총리의 중국 방문 기간이 일주일로 긴 데다가 양국이 국방 협력을 강화하고 130억 달러(14조 9,000억 원) 규모의 경제 협력에 합의할 것으로 알려지면서 이런 분석이 힘을 얻고 있다.

두테르테 필리핀 대통령은 10월 20일 중국과의 정상회담에서 "양국 관계는 봄날"이라고 말했고 시진핑 중국 국가주석은 "양 국민은 형제"라고 화답했다. 두테르테 대통령은 방중 기간에 미국과 경제·군사적 '결별'을 선언했다. 이에 미국이 진의를 파악하기 위해 대니얼 러셀 국무부 동아시아·태평양 담당 차관보를 필리핀에 급파하기도 했다.

필리핀에 이은 말레이시아의 친중 행보는 남중국해에서 중국의 경제·군사적 패권 확장을 견제하려는 미국을 더 당혹스럽게 할 것으로 보인다. 〈월스트리트저널〉은 중국 입장에서는 나집 총리의 중국 방문이 아시아에서 미국의 영향력을 약화하는 또 다른 기회가 되었다고 평가했다. 브릿지 웰시 동남아 정치분석가는 AFP 통신에 "이제 중국이 힘을 발휘하고 미국은 퇴각하고 있다"며 미국의 아시아 중시 정책이 성공할 가망이 거의 없다며 버락 오바마 미 행정부가 의욕적으로 추진해온 아시아 중시 정책이 사실상 실패했다는 평가까지 나온다. 이와 같이 유럽에서 세르비아, 폴란드, 터키 그리고 아시아에서 필리핀과 말레이시아가 상하이협력기구 진영에 가까워지는 국제 관계 변화를 예의 주시할 필요가 있다.

TIP 신양극체제에서 중국의 아프리카 경영 전략

중국의 아프리카 교역은 지난 10년간 10배가 증가하는 놀라운 상승세를 보였다.[31] 문제는 아프리카 천연자원과 에너지 자원에 대한 중국의 공략이 미국의 이해관계와 충돌하고 있다는 점이다.[32] 중국의 대외 외국인직접투자(Foreign Direct Investment, FDI)의 4분의 3이 자원이 풍부한 아프리카 5개국(수단, 알제리아, 잠비아, 남아공, 나이지리아)에 집중되고 있다.[33] 특히, 나이지리아 원유에 대한 중국과 서구 진영의 맞대결은 갈등의 불씨를 안고 있다.

중국은 아프리카를 중동 원유 공급원을 대신할 에너지와 광물질 공급원으로만 생각하고 있는 것이 아니다. 중국에게 아프리카는 커다란 무기 수출시장이다. 중국산 무기를 도입하는 아프리카 국가들은 무기 체계를 중국에 의존하다 보면 외교관계도 덩달아 의존하게 되는 것이다. 아프리카 무기 수입의 60%는 유럽 국가가 차지하고 있지만, 소형 무기 시장은 중국이 독점하다시 -

피 하고 있다. 게다가 스웨덴 국방연구소(FOI) 보고서에 따르면 중국은 케냐, 이집트, 보츠와나, 모로코 같은 국가를 K-8이나 JF-17 같은 경전투기 잠재 시장으로 여기고 있다.

중국은 에너지와 철강 수요가 국내생산으로 충족이 안 되는 상황에 이르렀기 때문에 공격적 해외 기업인수와 합작을 통해서 물량 확보에 나섰다. 이를 위한 외교의 일환으로 2006년 11월 원자바오(溫家寶) 총리는 7개 아프리카 국가(콩고, 이집트, 가나, 앙골라, 남아공, 탄자니아, 우간다)를 순방했고, 2007년 초 중국 외무장관 리자오싱(李肇星)은 보츠와나, 에리트레아, 중앙아프리카공화국, 차드, 기니 대통령을 방문했다. 중국은 경제 사정이 어려운 아프리카에 부채 탕감, 수입관세 인하, 인적 교류와 교육 제공 등 패키지 협력 방안으로 접근하고 있다.

중국 국영기업인 CNOOC는 나이지리아 원유 보유량의 6분의 1을 차지하는 분량인 60억 배럴의 원유를 구매할 계획이다. 금액으로 300억 달러에서 500억 달러에 이르는 막대한 규모다. 이 계약은 나이지리아의 23군데 원유 시추 공사를 진행 중인 세계 최대의 원유회사 엑손 모빌, 로열 더치 셸, 세브론, 토털과 이해가 상충된다.[34]

중국은 자국의 경제 성장을 위해서 나이지리아를 포함한 아프리카의 원유 수급이 절박한 상황이다. 중국의 1일 원유 소비량은 1998년 420만 배럴에서 2009년 850만 배럴로 지난 10년간 두 배 이상 증가했다. 해외 원유 수입은 전체 소모의 45%를 충당하고 있다. 중국이 아프리카에 관심을 갖는 이유는 원유만이 아니다. 중국은 철강석, 니켈, 동, 코발트, 보크사이트, 은, 금 등 다른 천연자원도 사들이고 있다. 2009년 중국은 아프리카의 최대 무역국으로 1,070억 달러의 교역량을 기록하며 미국을 앞질렀다. 중국이 투자하는 아프리카 국가는 49개국에 이른다.

중국은 아프리카와 유대를 공고히 하기 위한 방법으로 많은 국제회의를 주최하고 있다. 대표적인 모임으로 터치로드 중국-아프리카 투자 포럼과 중국-아프리카 협력 포럼(Forum on China-Africa Cooperation, FOCAC)이 있다. 장쩌민(江澤民) 주석이 제안한 중국-아프리카 협력 포럼은 2000년 베이징에서 1회를 시작했다. 매 3년마다 중국과 아프리카에서 교차로 개최된다. 2006년 북경에서 개최된 제3회 중국-아프리카 협력 포럼에는 48개 아프리카 국가가 참여했고 41개국의 아프리카 각국 국가원수가 직접 베이징으로 왔다.

2009년 11월 이집트에서 개최된 제4회 중국-아프리카 협력 포럼에는 원자바오 총리가 직접 참석해서 8개 항목의 협력증진 방안을 제시했다. 구체적인 분야는 기후 변화, 과학 기술 협력, 농업 분야 협력, 의료지원, 교육 및 인적 자원 개발, 문화 교류가 거론되었다. 그 중 100억 달러 규모의 부채 탕감 및 재정 지원이 중국의 아프리카 공략의 핵심 내용이었다.[35]

2015년 12월 남아프리카공화국 요하네스버그에서 개최된 제6회 중국-아프리카 협력 포럼에는 중국 정상을 비롯해, 아프리카연합회 의장과 부르키나파소, 상투메 프린시페, 스와질란드 3개국을 제외한 모든 아프리카 각국 정상들이 참석했다. '중국-아프리카 동반 발전'이라는 주제로 개최된 이 포럼에서 중국은 차후 3년간 아프리카 지원 규모를 600억 달러로 확대하기로 했다. 협력 중점 분야도 단순히 자원 개발이 아니라 산업화, 인프라 구축에 두고 있다. 최근 경제 성장 둔화와 원자재 값 감소 등 악재에도 불구하고 중국이 투자 규모 확대하는 것은 아프리카에 대한 경제적 영향력을 지속적으로 확대하겠다는 의지다.[36]

이런 가운데 몇몇 서방 정부기관들은 중국이 아프리카 지인들은 안중에도 없이 아프리카의 자원을 마구잡이로 점유하고 있다는 우려하는 목소리를 내고 있다. 특히, 중국이 국제사법재판소에서 전범으로 고소한 수단의 오마르 바시르 대통령을 비롯해 미국과 유럽에서 기피하는 지도자인 짐바브웨 무가베 대통령과도 긴밀한 관계를 유지하고 있는 것을 못마땅해 하고 있다.

한편, 중국은 아프리카에 대한 중국의 투자 덕분에 아프리카가 지난 10여 년간 고도의 경제 성장을 이룰 수 있었다고 주장하는 반면, 서방 인권단체들은 중국의 아프리카 진출은 중국만을 위한 것이며, 현지의 부정부패를 눈감아 주는 결과로 부패된 정권을 강화시키는 역할을 했다고 주장한다. 〈머니 모닝〉의 키스 피츠제럴드 편집장은 중국 지도자들은 인권과 핵 문제 등은 전혀 개의치 않고 있다고 말하며, 그들에게 중요한 것은 다른 국가가 어떻게 여기든 중국에 오일을 제공하는 것뿐이라고 말했다.

이처럼 중국의 적극적인 아프리카 공략은 자원 확보 차원의 경제적 이유 외에 신양극체제에서 국제 정치적 입지를 강화하기 위한 방편으로 보인다. 서구 제국주의 열강들의 식민지였던 아프리카에서 중국의 증대하는 위상을 통해서 신양극체제라는 국제 질서 속에 벌어지는 지각변동을 감지하게 된다.

기축통화로서의 재발견, 위안화

중국 위안화가 기축통화로서 미국 달러 자리를 대신하게 될 경우에 대한 여러 예측이 있었다. 다시 말해, 글로벌 무역의 큰 축이 이동하여 중국 경제가 세계 시장을 독점하게 되면 중국은 무역 우위를 지키기 위한 방법으로 환율 전쟁을 시작한다는 것이다. 그 결과는 미국 달러의 투매 현상으로 이어져 달러 가치는 30%에서 50% 급락하게 된다.

기축통화란 중앙은행들과 정부들이 외환보유고의 일부로서 다량을 소유한 화폐를 뜻한다. 이렇게 한 나라가 외환을 보유하게 되는 이유는 대규모 무역을 통해 결제 대금과 지속적인 무역 관계를 위해서 외환이 필요하기 때문이다. 우리는 일반적으로 미국 달러가 기축통화라고 생각하지만, 사실 기축통화는 역사적으로 계속 바뀌어왔다. 2500년 전 그리스의 드라크마, 로마의 데나리우스, 비잔틴의 솔리두스, 아랍의 디나르가 기축통화의 역할을 했다. 중세에는 베네치아의 두카트와 피렌체의 플로린이 기축통화였다. 1800년대 중반에 세계는 금본위제에 바탕을 둔 화폐를 운영했고, 당시 국제 무역의 60%는 영국 파운드로 결제되었다.

2차 세계대전 이전에는 3개의 기축통화가 있었다. 프랑스 프랑, 독일 마르크, 영국 파운드다. 그런데 2차 세계대전 이후 미국 달러가 독일 마르크를 대신하게 되었다. 현재는 미국 달러, 유로, 영국 파운드, 일본 엔, 캐나다 달러, 호주 달러, 중국 위안 등 7개의 기축통화가 있다. 현재 미국 달러가 전체 외환보유고의 63%를 차지한다. 유로는 21%를 차지하고, 이어 영국 파운드가 4%, 일본 엔화가 3%, 캐나다 달러가 2%를 차지한다.

달러가 63%를 차지하는 사실이 두려운 이유는 모두가 팔기 시작하면 달러 가치가 급락하기 때문이다. 이런 재앙을 예언하는 사람들은 실제 화폐가 어떻게 사용되는지 이해하지 못한다. 세계 무역 거래는 달러를 팔고 싶어도 다량으로 팔지 않는다. 왜냐하면 자산의 유동성을 흡수할 수 있는 다른 기축통화가 없기 때문이다.

2016년 10월 1일 위안화는 IMF의 특별인출권(SDR)으로 알려진 기축통화 바스켓에 가입했다.[37] 특별인출권은 IMF 대출에 대해서 국가들이 어떤 통화를 선별하는 지를 결정하는 메커니즘이다. 현재

30개국 이상이 중국과 3조 위안이 넘는 통화 스와프[38]를 체결하고 있다. 게다가 IMF는 위안화를 5개 통화 가운데 세 번째로 큰 비중으로 할당했다. 이는 전 세계 중앙은행들이 그 할당에 맞추기 위해 더 많은 위안을 보유해야 한다는 뜻으로 볼 수 있다. 여전히 일각에서는 중국이 환율 조작 국가라고 아우성치지만, 중국 위안화의 특별인출권 바스켓 포함은 중국이 더 투명성을 갖게 하여 IMF 규정에 따라 운신하게 할 것이다.

위안화는 이미 세계에서 4번째 유동성을 지닌 화폐다. 2010년 세계 무역 가운데 위안화 결제는 3%에 불과했는데, 이제 그 비중이 50%나 된다. 워싱턴은 달러를 무기로 여기고 있지만, 미국인들이 깨닫지 못하는 것은 세계의 거대한 농지가 위안화의 유동성 아래 있다는 사실이다. 시간이 흐름에 따라 석유에서 콩까지 모든 현물 가격이 위안화로 책정되고 있다.

〈포브스〉와 중국인민은행에 따르면 외국 투자자들은 2016년 2사분기에만 위안으로 표시된 140억 달러 상당의 부채를 사들였다. 이렇게 위안화의 위력이 커지는 상황에서 위안화에 대한 투자로 수익을 올리는 방법은 위안화에 직접 노출되어 있는 위즈덤트리 중국 위안 전략 펀드(WisdomTree Chinese Yuan Strategy Fund)를 통하는 방법과 자산의 80%가 위안으로 표시된 채권으로 홍콩을 통해서 거래되는 파워쉐어스 중국 위안 딤섬 채권 포트폴리오 펀드(PowerShares Chinese Yuan Dim Sum Bond Portfolio Fund)를 통하는 방법이 있다.

BREXIT

4
—

브렉시트의 향방,
5가지 시나리오

소프트 브렉시트 vs. 하드 브렉시트

브렉시트를 기정사실로 했을 때 단일시장에 남느냐 아니냐 여부를 기준으로 소프트 브렉시트와 하드 브렉시트로 구분한다. 영국 정부는 다음 변수들에 의해서 둘 중에 하나를 선택하게 된다.

경제 동향과 이민자 수

영국 경제가 침체되지 않거나 호전되고, EU 회원국으로부터 이민자 수가 종전 수준이거나 증가하면 국경 통제를 강조하는 하드 브렉시트 가능성이 크다. 반면, 영국 경제 성장이 둔화되고 유로존보다

부진한 불황을 맞게 되고 EU 회원국의 이민자 수가 감소하면 소프트 브렉시트 가능성이 크며 이는 2차 국민투표로 이어질 가능성도 있다.

내각 내 파워 게임

데이비드 데이비스 브렉시트장관과 리엄 폭스 국제통상장관의 발언권이 압도하면 하드 브렉시트 가능성이 커지고, 필립 해먼드 재무장관의 입지가 공고해지고 메이 총리의 지지부진한 리더십으로 전 오스본 재무장관의 입지가 강화되면 소프트 브렉시트 가능성이 커진다.

EU 기관의 주도권 변수

유럽집행위원회가 협상의 주도권 잡으면 4가지 자유를 강조함에 따라 하드 브렉시트 가능성이 커진다. 반면 유럽각료이사회와 회원국 정부의 발언권이 커지면 영국의 입장을 수용하는 방향으로 협상이 진행되어 소프트 브렉시트 가능성이 높다.

외국인직접투자의 향방

영국에 투자하고 있는 외국인직접투자의 추이가 변화가 없거나 늘어나면 하드 브렉시트로 갈 가능성이 커지고, 영국에 있는 일본 자동차 회사들과 같은 외국 제조업체와 외국 은행들의 런던 시티 이탈이 가시화되면 영국 정부는 단일시장에 남아야 할 필요를 느끼기 때문에 소프트 브렉시트를 택하게 될 것이다.

5가지 시나리오

브렉시트 결정에 따라 영국 정부가 선택할 수 있는 시나리오를 5가지로 상정해본다. 1~3 시나리오는 브렉시트 결정 번복으로 영국이 EU에 잔류하게 상황을 가정한 것이고, 4~5 시나리오는 브렉시트가 그대로 확정되어 진행되는 상황이다. 1~3 시나리오는 국내 변수가 크게 작용되고, 나머지 두 시나리오는 국제 정세 변수에 의해서 결정된다.

1. 현 영국 정부 입장은 하드 브렉시트로 보인다. 이것이 아니면, '노 브렉시트(No Brexit)' 밖에 남지 않는다. 그런데 메이 내각이 과연 EU를 상대로 하드 브렉시트를 이끌어낼 수 있을지 그 역량에 의문을 갖게 된다. 여기에는 두 가지 이유가 있다.
   첫째, 메이 내각의 조합이다. 브렉시트를 담당하는 4개 부서 장관들이 한 목소리를 내지 못하는 불협화음을 내는 구성이다. 둘째, EU 지도부의 태도와 협상 관행이다. EU 지도부 일각에서는 영국이 EU 탈퇴를 초래한 것에 분개하여 이에 대한 처벌을 염두에 두고 있어 협상은 난항이 예상된다. 게다가 EU가 그간 체결한 FTA는 평균 3~5년이 소요되었다는 점을 감안하면, 2년 안에 영국과 합의점을 찾기에 시간이 부족하다. 이 같은 영국 안팎으로 복잡한 환경 속에서 메이 총리는 자신이 공언한 하드 브렉시트 협상을 EU 지도부를 상대로 기한 내에 성공시키지 못한 것에 책임을 지고 사임하게 된다.

메이 총리 이후 새로운 보수당의 리더십(오스본 전 재무장관이 차기 당수로 유력함)은 브렉시트 결정 재고 사안을 의회에 상정하게 되고, 2차 국민투표에 붙이게 된다. 그러면 6월 23일 투표 결과로 그간 혼동과 불안을 느껴온 브렉시트 지지 유권자들 가운데 일부가 마음을 바꾸고, 투표에 불참했던 20~30대 젊은 유권자의 추가 투표 참여한다. 그 결과 브렉시트 결정은 번복되고, 영국은 EU 회원국으로 잔류하게 될 것이다.

2. 리스본 조약 50조의 발동권이 총리한테 있는 것이 아니라 의회에 있다고 영국 법원이 판결할 경우, 또는 이에 불복해 상고 법원인 유럽사법재판소에서 이를 확정할 경우다. 이 경우 브렉시트 사안은 영국 의회 내에서 국회의원 다수결에 의해서 재의결되거나, 2차 국민투표를 통해 번복될 가능성이 있다. 이렇게 되면, 1번 시나리오와 마찬가지로 1차 투표에서 브렉시트에 찬성했던 유권자들 일부가 '반대'로 돌아서고, 투표에 참여하지 않았던 젊은 세대들의 참여로 영국은 EU 잔류하게 될 것이다.

3. 메이 총리가 2017년 3월 리스본 조약 50조를 가동하겠다고 공표함과 동시에 제안한 '폐지 대장전'이 의회를 통과하지 못하는 경우다. 폐지 대장전의 목적은 1972년 영국이 유럽경제공동체 가

입 때부터 준수해왔던 유럽공동체법을 무효화하는 것이다. 2016년 4월 영국 상원은 EU를 탈퇴하려면 영국을 구성하는 스코틀랜드, 북아일랜드, 웨일스 각 의회의 승인을 모두 받아야 한다고 결정했다. 그러므로 EU 잔류에 과반수를 던진 유권자가 더 많은 스코틀랜드와 북아일랜드 의회에서 브렉시트를 부결시키면 영국은 EU에 잔류하게 된다.

4. 브렉시트의 데드라인인 2019년 4월 전에 런던에서 IS에 의한 대형 테러 사건이 벌어지거나, 로마 또는 바르셀로나 같은 유럽 주요 도시에서 연쇄 테러가 자행될 경우다. 이 같은 상황에서 영국 정부는 단일시장 접근보다 국경 통제권 강화에 필요성에 무게를 두고 EU 내 자유 이동 문제에 더욱 부정적인 태도를 갖게 될 것이다. 결국 영국 여론은 브렉시트를 잘한 결정으로 여기고 예정된 수순을 밟을 것이다.

5. 영국과 EU와의 협상 과정에 돌발 변수로서 브렉시트의 여파 또는 종국적으로 그렉시트로 인하여 추가로 EU를 탈퇴하는 회원국이 나오는 '2+1(영국과 그리스+어떤 EU 회원국) 시나리오'다. 3개국 이상이 EU에서 동시다발로 떨어져 나올 경우, 유로존과 EU를 와해시키는 도미노 효과를 발생시켜 유럽 통합의 큰 축이 흔들리게 된다. 이런 상황에서 영국 여론은 브렉시트를 기정사실로 받아들이고 영국이 단독으로 EU를 떠나는 것이 아닌 사실에 위안을 얻을 것이다.

BREXIT

5
—

아직 끝나지 않은
유럽 통합의
위기

6월 23일 국민투표를 앞두고 브렉시트가 가져올 파급 효과 중에 하나로 도미노 효과를 언급하는 언론들이 있었다. 다시 말해 영국의 EU 탈퇴 결정에 따라 다른 EU 회원국도 같은 수순을 밟을 가능성이 있다는 예상이었다. 6월 16일자 〈머니 모닝〉은 브렉시트의 결과로 EU를 떠날 가능성이 있는 3개 EU 회원국으로 네덜란드, 체코, 프랑스를 지목했고, 그렇게 되면 EU의 주권을 위협하게 될 것이라고 경고했다.[39]

《유럽, 머물 것인가 나갈 것인가(Europe: In or Out)》의 저자 데이비드 차터는 "EU를 탈퇴하는 것에 대해서 아무런 처벌이 없다면, 스웨덴과 덴마크 같은 EU에 순수 분담금을 내는 회원국도 영국의 뒤를 따를 수 있다는 점을 들어, EU 지도부는 첫 전례를 확실히 해둘 필요가 있다"[40]라고 주장한다.

우선 브렉시트는 영국과 긴밀한 유대 관계를 지켜온 네덜란드의 반EU 정당의 입지를 강화한다는 것이 일반적인 관측이다. 네덜란드의 반무슬림과 반EU를 표방한 자유당(Freedom Party)은 2017년 총선에서 총 150석 중 42석을 얻을 것으로 낙관되는 상황이다. 자유당의 게르트 빌더스 의원은 브렉시트가 다른 EU 회원국들이 같은 결정을 하는 데 용이하게 해줄 것이라고 말했다. 빌더스는 네덜란드가 스위스처럼 엄격한 이민 정책과 유럽으로부터 정치적 독립을 원한다고 피력해왔다. 최근 여론 조사에 따르면 네덜란드 국민의 다수인 53%가 EU 잔류와 탈퇴를 묻는 국민투표에 찬성하고 있고, EU 잔류를 원하는 응답자는 탈퇴 찬성자보다 1% 더 많은 상태다.

체코 총리 보후슬라프 소보트카는 브렉시트 결정은 '체시트(Czexit, 체코의 EU 탈퇴를 뜻함)'로 이어질 수 있다고 주의를 상기시키며, 체시트는 체코 경제의 하락뿐만 아니라 러시아의 영향력 아래 체코를 둘 수도 있다고 언급했다. 2015년 난민 사태가 불거진 시점에 많은 체코 국민들은 EU가 체코에서 시리아 난민을 할당으로 받아들이라는 결정에 당혹감을 표현한 바 있다. 따라서 네덜란드처럼 체시트는 자국의 이민 정책을 스스로 세울 수 있는 점에서 호응을 얻고 있다. 2015년 10월 이루어진 여론 조사에서 체코 유권자의 5분의 3이 EU 회원국임에 불만을 갖고 있고, 63%가 체시트에 찬성할 것이라고 응답했다.

프랑스의 경우, 마리 르펜의 국민전선당(Front National Party)은 2017년 대통령 선거에서 2차 투표까지 갈 수 있는 상황이다. 국민전선당은 유로회의론의 주도적인 목소리를 내어온 극우 정당으로, 정권을 잡으면 EU 잔류와 탈퇴를 묻는 국민투표를 실시하겠다고 주장해왔다. EU에서 독일과 함께 주도적인 회원국인 프랑스는 경제 문제와 이민 문제로 고전하고 있는 상태여서 EU에 남는 것이 이득인지에 대해 의문을 제기하는 분위기다. 2016년 3월 여론 조사에 따르면 프랑스 유권자의 50%가 EU 잔류의 찬반을 묻는 국민투표를 희망하고 있고, 이에 대해서 르펜은 아주 고무적인 결과라고 말했다.

이처럼 브렉시트는 도미노 효과의 잠재력이 있고, 그 잠재력이 실제 상황이 된 것은 유럽 통합의 커다란 도전이 아닐 수 없다. 《유럽의 문제(The Trouble with Europe)》의 저자 로저 부틀은 브렉시트 영향으로 인하여 EU가 종말로 치달을 것으로 예측했다. 그는 이렇게 썼다.

"영국은 EU의 시작에는 두드러진 역할을 한 것이 없지만, EU가 종지부를 찍는 부분에서는 큰 역할을 할 것으로 생각된다."[41]

존 메이저 전 총리 또한 "브렉시트는 특히 미국과 중국을 상대로 EU의 정치적 영향력이 감소됨을 의미한다. 영국이 빠진 상태에서 근대 문명의 요람인 유럽의 중요성은 약화될 것이다"[42]라고 전망하며 영국이 EU에서 차지하는 비중을 강조하고 있다.

부틀의 예측은 필자와 달리 다른 EU 회원국의 동반 탈퇴를 전제로 하고 있지는 않다. 그러나 메이저 전 총리의 전망은 적어도 브렉시트가 영국이 차지해온 EU 내에서의 정치적 영향력에 타격이 될 것이라는 점에 공감한다. 28개 EU 회원국 가운데 탈퇴 가능성이 있다고 언급된 나라만 영국을 포함하여 6개국이나 된다. 여기에 EU 정책에 반감을 보이는 헝가리와 폴란드를 추가하면 8개국으로 늘어난다.

헝가리는 EU에 대해 부정적으로 생각하는 청년민주동맹(Fidez)이 집권하고 있다. 청년민주동맹은 이슬람 난민 수용을 반대하는 입장이다. 폴란드 또한 난민 수용에 반대하는 보수 성향의 법과정의당(PIS)이 2015년 10월 집권한 이래로 EU와 부딪히고 있다. 특히 반독일 감정을 표출하고 있는 법과정의당은 헌법재판소의 권한을 약화시키고 언론을 통제하는 조치를 취했고, 이 같은 민주주의에 역행하는 폴란드에 EU는 EU 투표권을 박탈할 것이라는 경고까지 한 상태다.

이뿐만 아니라 그리스의 EU 탈퇴 가능성도 배제할 수 없다. 따라서 영국 외에 2개 회원국이 뒤이어 EU를 탈퇴한다면 그것은 유럽 통합의 근간을 뒤흔들 수 있다. 그럴 경우 브렉시트는 유럽 통합 끝을 알리는 전주곡이 될 수 있다. 유럽 통합의 역사상 전례가 없는 브렉시트 결정은 내부적으로 영국 사회 속 계층 간의 갈등의 표출로, 영국인의 뿌리 깊은 반유럽 정서가 저변에 깔려 있다. 동시에 브렉시트 결과는 외부적으로 유로존의 재정위기에 난민 사태와 이민 문제가 테러로 이어지면서 영국인의 EU에 대한 불신과 안보에 대한 불안감이 촉발한 사건이다.

브렉시트의 직접적인 피해자는 아이러니하게도 브렉시트 결정을 자초한 영국 국민이다. 단기적으로 파운드의 평가절하로 수입품 가격 인상에 따른 인플레이션을 경험하고 있다. 피부에 와닿는 좋은 예를 들자면, 영국에서 파는 한국 라면 한 봉지 가격이 종전에 49펜스(720원)에서 68펜스(970원)로 올랐다. 동시에 떨어진 파운드 가치로 인하여 해외 여행시 소비에 부담을 느끼고 있다. 이뿐만 아니라 영국에서 일하는 외국인 근로자가 파운드로 받은 급여를 자국의 가족에게 송금하면 현지 화폐로 실수령액이 감소하기 때문에, 그간의 환율 변동을 반영하여 15%에서 20%의 임금 인상을 요구하고 있어 경영자들에게 추가 부담 요인으로 작용하고 있다.

한편, 역사적 사건들을 통해서 보면 기회는 현상 유지에서보다 위기 속에서 더 많이 생겨났다. 이런 맥락에서 국제 정세에 또 다른 변화를 가져온 사건인 브렉시트는 불확실성의 리스크가 큰 만큼 기회임에 틀림없다. 다시 말해 '이이제이(以夷制夷)' 측면에서, EU 밖의 제3자적 입장에서 보면 브렉시트는 다양한 기회의 장을 제공하고 있다. 그 한 예로 당장 파운드의 평가절하로 국제 무역에서의 영국의 가격 경쟁력이 약화된 상황을 이용할 수 있게 되었다.

EU를 '유럽의 성곽'이라고 표현하는 것은 EU를 보호주의의 대상으로 보는 EU 밖의 시각이다. 그런데 브렉시트가 이 성곽을 와해시키는 '트로이의 목마'와 같은 역할을 계속한다면, 한국을 포함한 비유럽 국가들은 브렉시트의 수혜자로서 EU를 더 열린 시장으로 다가갈 수 있다.

브렉시트로 인하여 유럽의 미래에 먹구름이 드리워진 것은 분명한 현실이다. 그러나 브렉시트 결정 번복이나 확정에 관계없이 유로가 기축통화로서 통용되는 한, 그리고 독일이 유로존을 고수하려는 정치적 의지를 갖고 있는 한 유럽 통합의 기운은 꺾이지 않을 것이다. 결국 브렉시트가 가져온 불확실성에 인한 일련의 위기 상황은 EU가 유럽 통합 과정에서 겪어온 위기의 또 다른 사건으로 기록될 것이다.

4장

브렉시트의 위기에
어떻게 대응할 것인가

BREXIT

1

—

한국에 미칠
장·단기적
영향

브렉시트가 확정되면 한국–EU 간 FTA를 한국과 영국 간 FTA로 바꿔야 하는 문제가 생긴다. 한국 입장으로는 다행하게도 중국과 일본이 EU와 FTA를 맺지 않았기 때문에 협상 우선 대상에 있어 동아시아에서 차별받는 경우는 벌어지지 않는다.

2015년 우리나라의 영국 수출액은 73억8,000만 달러로 전체 수출의 1.4%를 차지하고, 영국 자본의 한국 투자액은 2억6,000만 달러로 전체 외국인 투자의 1.2%로 낮은 수준이지만 브렉시트의 단기적 파장은 중장기적으로 이어질 전망이다.

브렉시트는 우선 단기적으로는 금융시장 경색 우려로 위험자산으로 여겨지는 원화와 국내 금융시장에 불안감을 가져올 수 있다.

동시에 파운드의 약세로 한국에 투자된 영국계 자금 유출이 예상된다. 2016년 5월 말 기준, 국내 상장주식에 대한 외국인 투자금 규모는 434조 원이다. 이 중 영국계 자금은 8.4%인 36조4,000억 원으로서, 172조 원이 넘는 미국계 자금에 이어 두 번째로 많다.[1] 그동안 단기 투자 성향을 보여온 영국계 자금의 이탈은 1조 원 규모에서 그치겠지만 향후 2년간 외환시장의 움직임과 맞물려 불안정한 상태를 보일 것으로 전망된다.

2011년 유럽 재정위기 때 영국계 자금은 국내 주식과 채권을 8조 원 넘게 순매도하고 빠져나간 적이 있다. 영국계 자금이 보유한 국내 상장 채권은 1~2조 원 수준으로 외국인 전체 보유액(97조 원)의 1% 대에 그쳐 미미한 수준이다. 그러나 영국계 자본 유출의 심각성은 액수와 규모의 문제가 아니라 외국인 투자 심리에 영향을 준다는 점이다.

특히 런던 시티는 전 세계 헤지펀드의 85%가 자금을 운영하는 곳이어서 그 파급 효과는 지대하다. 한 예로 영국계 헤지펀드인 헤르메스는 2004년 삼성물산에 대해 적대적 인수합병(M&A)을 시도한 뒤 380억 원의 시세차익을 남긴 적이 있다. 국회 정무위원회 소속 더불어민주당 박찬대 의원은 금융감독원이 제출한 자료를 인용하여 "외국인투자자들의 차지하는 전체 증권보유액이 50%가 넘는 기업의 경우 언제든지 헤지펀드들의 뜻에 따라 움직일 수 있다. 헤지펀드의 무리한 요구가 외국인 투자자들의 이익과 겹쳐진다면 외국인 투자금이 공격적인 형태로 변해 회사의 자산건전성과 지속가능성 등에

악영향을 끼칠 수 있다"라고 경고했다.[2]

브렉시트가 중장기적으로 국내에 끼칠 영향 대한 경제 금융 전문가들의 의견을 종합하면 다음과 같다.

■ 중장기적으로는 유로화 불안, 안전자산 선호 심화, 엔화 초강세 등이 경제주체들의 심리에 영향을 미쳐 소비 및 투자 위축으로 이어질 것이다. 동시에 외환변동성 확대에 따른 글로벌 교역 감소, 금융기관 간 신뢰성 하락에 따른 유동성 위축 등 부작용이 예상된다.[3]

브렉시트 대응 방식에서 중국과 일본으로부터 무엇을 배워야 할지 생각해 본다.

영국은 EU 회원국 가운데 중국의 아시아인프라투자은행(AIIB)를 첫 번째로 지지해준 나라다. 이 점에서 중국은 영국을 EU 교두보로 삼고 그간 외교 정책을 펼쳐왔다. 중국은 금을 포함한 현물과 원자재 매입, 국제 무대 영향력 확대를 위하여 아프리카 경영뿐만 아니라 폴란드 같은 과거 사회주의 국가들에 다가가며 국익을 확장하고 있다.

일본은 브렉시트로 인한 영국 소재 일본 회사의 이익을 대변하기 위한 외교력과 네트워크를 총동원하고 있다. 따라서 한국 정부는 중국과 일본의 대응 방식을 면밀히 벤치마킹한 뒤 대응책을 세울 필요가 있다.

BREXIT

2
—

중국과 일본의
대응 전략

중국의 현물 구매 전략
- - - - - - - - - - - - - - - - - - - -

브렉시트 결정 이후 중국의 대응 전략 가운데 1순위는 현물 시장에서 나타난다. 중국이 그 전보다 더 모든 원자재를 싹쓸이하고 있다는 보도다.[4] 2015년 한 해 동안 중국 다롄거래소 한 곳에서만 거래된 철광석은 260억 톤으로 우리나라의 330년치 사용량이다.

투자를 넘어 사재기에 가까운 중국의 행태에 원자재 가격이 급등하면서 국내 산업에도 충격을 주고 있다. 사려는 수요가 폭증하면서 지난해 톤당 30달러 대였던 국제 철광석 가격은 브렉시트 이후 7월에 60달러 대로 두 배 올랐다. 다른 원자재도 마찬가지다. 중국 정저

우상품거래소에서는 단 하루 동안 청바지 90억 벌 분량인 면화 4,100만 꾸러미가 거래되면서 가격이 이날 19%나 폭등했고, 은 가격도 연초보다 50%나 올랐다.

세계적인 불황과 저금리, 그리고 브렉시트로 금융시장이 불안해지면서 화폐보다는 실물 쪽으로 돈이 몰리는 데다가, 향후 경기가 풀려 생산을 늘릴 때에 대비해 중국이 원자재를 전략적으로 확보하고 있다. 2015년 우리나라는 이런 알루미늄을 비롯해 석유와 철광석 등 무려 240조 원어치의 원자재를 해외에서 수입했다. 이렇게 대외 의존도가 크다 보니 중국의 투기로 가격이 급등하면 곧바로 충격을 받을 수밖에 없다.

중국의 원자재 사재기가 옥수수나 콩 같은 곡물로 확대되면서 국내 농축수산업에도 피해를 주고 있다. 사료의 주원료인 콩의 국제가격이 석 달 새 30% 가까이 올랐고, 옥수수도 10% 넘게 올랐다. 생산원가의 65% 이상을 사료비가 차지하기 때문에 사료값이 올라간다면 농가 쪽에서는 상당히 부담이 커진다. 중국은 2016년 5월부터 국제시장의 콩을 싹쓸이하기 시작하더니, 6월에는 미국의 1년치 소비량에 맞먹는 4,200만 톤을 단 하루에 사들였다.

포스코경영연구원 최용혁 연구위원에 따르면 우리나라 전체 소비량 가운데 수입산이 차지하는 비중은 곡물은 77%, 광물은 99%다. 그러나 국가 차원의 곡물 비축량은 전체 소비량의 10% 수준이고, 광물 비축량은 23만 톤, 52일치뿐이며, 그것도 대부분 알루미늄과 같은 비철금속과 인듐 등 희귀금속에 국한되어 있어 비축량을 늘리려 해도 예산 확보부터 안 되는 실정이라고 토로한다.

일본의 외교 네트워킹 전략

닛산, 토요타, 혼다 이 3사의 연간 자동차 생산 대수 가운데 절반이
영국에서 제작된다. 영국에서 생산되는 차량의 대부분이 수출용이
고, 수출의 절반 이상이 EU 회원국이다. 특히 닛산은 2015년 한 해
생산 대수가 50만 대를 기록한 선더랜드 공장을 가동하고 있고, 그
간 영국에 투자한 금액은 49억 달러(37억 파운드)로 영국에 진출한 일

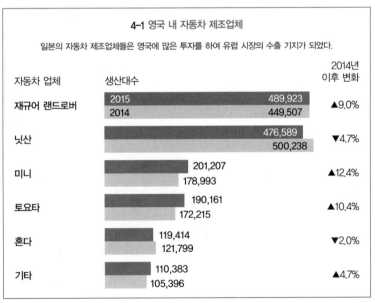

4-1 영국 내 자동차 제조업체

일본의 자동차 제조업체들은 영국에 많은 투자를 하여 유럽 시장의 수출 기지가 되었다.

자동차 업체	생산대수		2014년 이후 변화
재규어 랜드로버	2015	489,923	▲9.0%
	2014	449,507	
닛산		476,589	▼4.7%
		500,238	
미니	201,207		▲12.4%
	178,993		
토요타	190,161		▲10.4%
	172,215		
혼다	119,414		▼2.0%
	121,799		
기타	110,383		▲4.7%
	105,396		

출처: 영국 자동차산업협회

본 자동차 회사 가운데 가장 큰 규모다. 토요타의 영국 투자 총액은 22억 파운드다.[5]

도표 4-1은 일본 자동차 회사들이 영국을 EU 시장에 대한 수출 기지로 삼고 막대한 투자를 하고 있다는 사실을 뒷받침해준다. 영국 내 자동차 생산에서 닛산이 2위, 토요타가 4위, 혼다가 5위를 차지하고 있다. 따라서 일본 자동차 회사들은 브렉시트의 결과로 영국에서 생산되어 EU 회원국에 수출되는 자동차에 대해 EU가 관세를 부가할 것을 가장 우려하고 있다. 이 같은 우려가 현실이 된다면 영국에 유럽 본사를 두고 있는 일본 회사들이 다른 유럽 국가로 이전하거나 심지어 유럽에서 영업을 접는 사태가 벌어질 수도 있다는 전망이 나온다.

브렉시트 투표로 엔화가 달러와 파운드에 대해서 급격히 절상되었다. 이는 투자자들이 일본 화폐를 안전 자산처로 보기 때문이다. 이 점은 특히 일본 밖에서 대부분의 판매가 이루어지는 일본 자동차 업계에 문제가 된다. 일본 자동차 회사들은 최근 몇 년간 엔화 약세 덕분에 달러와 유로에 비해 이윤 상승의 혜택을 보았다. 그러나 브렉시트의 잠재적인 여파를 감안해서 노무라 증권은 일본의 7개 자동차 회사의 2018년 3월까지 총 운영 이윤 예상치를 5조700만 엔에서 4조1,500만 엔(약 410억 달러)으로 하향 조정했다.

일본 정부가 영국 정부에 전달한 브렉시트 요구 사항을 담은 15쪽짜리 서신은 영국에 큰 고민거리가 되고 있다. 이 서신에서 일본 회사들은 테리사 메이 총리가 EU의 관세동맹만이 아닌 단일시장의

4가지 자유 가운데 하나인 EU와 영국 사이에 자유로운 노동력 이동을 보장해줄 것을 명시하고 있다.

영국 정부가 일본이 제출한 서신을 쉽게 일축할 수 없는 이유는 정무 차관이고 아베 신조 총리의 측근이었던 고이치 하기우다가 이 문서를 작성했기 때문이다. 하기우다 전 차관은 아베가 자민당 총재이던 2013년에서 2015년까지 특별 고문을 맡았기 때문에 일본 정부와 기업의 생각을 대변하는 위치에 있다. 혼다, 닛산, 토요타의 일본 자동차 3사와 함께 노무라, 히타치 같은 영국 소재 일본 회사들에 근무하는 고용 인원은 14만 명에 달하기에 브렉시트에 대한 일본이 민감한 반응은 당연한 것이다.

일본 정부의 이 같은 외교 노력과 영국 정부에 대한 압력의 결과로 10월 27일 닛산은 선더랜드 공장에서 새로운 모델 '캐시카이'와 '엑스-트레일 SUV'를 생산하기로 발표했다. 이는 영국 정부의 지원과 브렉시트에 따른 불이익이 없을 것이라는 확약 뒤에 나왔다.[6] 이에 대해서 노동당 코빈 당수는 메이 총리가 일본 자동차 회사의 비밀 협상을 진행했다며, 영국에 있는 모든 외국 회사들과 영국 정부가 이런 식으로 비밀 협상을 한다는 것은 투명성을 저해하는 요소라며 비난했다.[7]

BREXIT

3

—

외환
포트폴리오
전략

그리스 재정위기 이후로 유로화에 대한 안정성이 위협받고 있는 상황에서 외환 투자자들이 미국 달러를 안전한 도피처로 찾는 것은 당연한 일이다. 그런데 과연 달러가 안전한 통화인가? 단기적으로는 달러가 강세로 보이지만 결국은 오일 가격처럼 등락을 거듭할 것이다.

〈머니 모닝〉의 키스 피츠제럴드 수석 전략가는 달러를 안정된 투자 외환으로 보기보다는 단기적 투기 수단으로 삼는 것이 현명한 판단일 것이라고 조언했다.[8] 중국인민은행은 보유하고 있는 외화 3조 5,000억 미국 달러를 다른 외환이나 미국 이외의 다른 국가 채권 또는 금으로 바꾸고자 한다.

순위	국가	외환보유액	순위	국가	외환보유액
					(단위: 억달러)
1	중국	32,011	6	러시아	3,939
2	일본	12,648	7	한국	3,714
3	스위스	6,850	8	브라질	3,693
4	사우디아라비아	5,635	9	인도	3,655
5	대만	4,341	10	홍콩	3,629

4-2 주요국의 외환보유액(2016년 7월)

출처 : IMF, 각국 중앙은행 홈페이지

2016년 7월 현재 한국의 외환보유액은 3,714억달러로 세계 7위다. 192쪽의 4-3 도표에서 보듯이, 외환보유액 중 금의 비중은 고작 1.3%로 액수로는 약 48억 달러 규모다. 미국, 독일, 이탈리아, 프랑스의 경우 외환보유액의 70% 전후 비중을 두고 있는 점을 감안하여, 한국은 일 단계로 금 비중을 10%대로 끌어 올릴 필요가 있다.

한 가지 염두에 둘 점은 달러가 하락하면, EU와 일본 같은 미국의 주요 교역 대상국의 화폐도 하락을 모면하기 힘들다는 것이다. 즉, 유로가 달러에 대한 가장 안전한 대체 화폐라고는 하지만 달러 하락으로부터 무풍지대는 아니다.

미국 달러인덱스(DXY)는 다른 외환 바스켓에 상대적인 달러의 가치를 측정하는 기준이다. 2016년 9월 현재 달러인덱스의 구성은 유로 57.8%, 엔 13.6%, 영국 파운드 11.9%, 캐나다 달러 9.1%, 스웨덴 크루나 4.2%, 스위스 프랑 3.6%로, 달러인덱스의 70%가 유로와 엔이다.[9]

4-3 외환보유액 추이					

(단위: 억달러, %)

	2012년말	2013년말	2014년말	2015년말	2016년 8월말
외환보유액	3,269.7	3,464.6	3,635.9	3,679.6	3,754.6(100)
유가증권	2,998.6	3,210.6	3,416.7	3,452.4	3,448.0(91.8)
예치금	170.4	145.9	119.3	132. 7	215.0(5.7)
특별인출권	35.3	34.9	32.8	32.4	25.5(0.7)
금	37.6	47.9	47.9	47.9	47.9(1.3)

이런 점에서 어떤 외환이 달러의 대체로 추천할 만한지에 대해, 안정적으로는 유로화와 엔화를 들 수 있다. 그러나 환율 투자가 가운데는 엔화와 함께 파운드가 손실 리스크가 높은 화폐로 꼽고 있는 점을 참고할 필요가 있다. 장기 저성장과 높은 정부부채 비율에도 불구하고 엔화를 안전자산으로 인식되는 배경으로, 일본의 국내총생산은 2015년 기준 4조1,232억 달러로 미국(약 18조 달러), 중국(약 11조 달러)에 이어 셋째로 큰 규모이며, 성장률의 변동성도 미국, 영국 다음으로 낮은 수준을 보이고 있다는 점을 들 수 있다. 또 일본은 20년 넘게 지속된 경상수지 흑자를 바탕으로 가장 높은 순국제투자국이며, 이러한 요인들은 안정적 대외 지불능력에 대한 신뢰를 형성했다[10]고 분석한다. 그러나 안전자산으로서 엔화의 입지가 중단기적으로는 유지될 수 있을 것으로 보이나, 기초 경제 여건의 약화로 장기적으로는 유지되기 어려울 전망이다.

무역 결제 방식으로 높아지는 위안의 비중을 감안했을 때 유로와 위안이 달러를 대체할 화폐로 손꼽히고, 스위스 프랑과 노르웨이 크로네와 캐나다 달러가 미국 달러를 대신하는 외환으로 추천하고 있다. 현명한 외화투자와 보유외환의 포트폴리오는 한국 정부에서 우선시해야 하는 사안이다. 각국 외환에 대한 면밀한 추이 분석과 전망을 통해서 보유하고 있는 미국달러를 금이나 수익성 있는 화폐로 대체하는 작업에 착수하는 것은 빠르면 빠를수록 좋다. 중국이 금을 외환보유고 대안으로 삼고 있듯이 한국도 금 보유량 확대 방안을 세워서 실천해야 한다.

바람직한 외환 포트폴리오 전략은 국제 분쟁 발생시 달러가 강세면 유로화를 사고, 유로화가 강세인 경우는 홍콩 달러, 호주 달러 그리고 중국 위안화를 매입하는 것이다. 무엇보다도 중국이 보유외환 중 미국 달러를 부동산과 현물을 사들이는 빠른 속도를 봤을 때, 한국도 외환보유고에서 달러 비중을 조속히 줄이는 것이 중요하다.

한국투자공사의 정상화

한국은 외화자산의 투자수익을 높이기 위해 2005년 200억 달러의 운영자본으로 한국투자공사(KIC)를 설립하여 본격적인 국부 증식을 위한 준비를 갖췄다. 중국이 2007년 9월 약 2,000억 달러의 초기 자본으로 설립한 국가투자공사(State Investment Company, SIC)는 다양한 금융상품은 물론 실물 자산(석유 등 상품이나 지분출자)에 투자해서 좀 더

조직적으로 국부 증식의 원대한 야망을 갖고 있다는 사실에 주목해야 한다.

우리나라는 세계 4위 수준의 많은 외환보유액과 공공기금 등 공공부문의 여유자금이 풍부함에도 불구하고 이를 체계적으로 관리할 수 있는 전문기관이 없었기에, 정부는 한국투자공사를 싱가포르 투자청(Government of Singapore Investment Corporation, GIC)과 같은 국제적인 대형 투자기관으로 육성하여 우리나라의 여유자금을 관리하는 중심축으로 운영한 것이 한국투자공사의 설립 배경이다.

설립 당시 정부는 한국투자공사의 운영상 철저한 독립성과 상업성을 보장할 것이라고 했으나, 정권 교체 이후 지속적인 운영의 의지가 없어진 듯하다. 연속성은 정부기관 효율성의 근간이다. 국제적인 투자기관들과의 대등한 경쟁기반을 마련하기 위해서 정권 교체와는 상관없는 운영이 보장되어야 한다. 집권당이 바뀌어도 정부기관과 산하단체의 고유의 업무 영역은 보호받고 단체장의 지위는 보장되어야 한다. 필자는 〈매일경제신문〉의 기고를 통해 투자 연속성의 중요성을 다음과 같이 피력한 바 있다.

━━ 행정부처의 통합과 폐쇄 문제도 작은 정부를 지향한다는 측면에서 환영할 만한 일이지만, 효율성을 담보로 한 정부구조 조정은 오히려 장기적으로 비용만 더 들고, 차기 정부가 다시 정부구조를 개편하게 되면 업무의 연속성과 일관성에 차질을 빚게 된다. 정당 이름이 선거 때마다 바뀔 수 있는 것이 한국 정당정치의 특징이라고 할

수 있지만, 행정부처의 구조조정은 선진국에서는 거의 벌어지지 않는 관행이다. 정부기관 구조는 이윤 추구를 목적으로 한 기업 구조와 다르다. 다시 말해 정부기관은 경영주의 생각에 따라 있다가 맘에 안 들면 없애고, 다시 필요하면 만들 수 있는 기업의 부서가 아닌 것이다. 행정부처의 존재 목적이 세금 납세자인 국민의 안녕과 복지에 초점을 맞추어야 하는 효율적 지속성을 생명으로 한다는 점에서 기업활동과는 엄연히 다른 것이다.[11]

그간 한국투자공사의 업무 성과 보고를 보면 기대에 못 미치는 수준이다. 한국투자공사의 총투자수익률은 2014년 4.02%, 2015년 마이너스 3.0%를 기록했다. 이는 노르웨이, 중국, 미국(2개), 아일랜드, 캐나다 등을 포함한 7개 국부펀드 가운데 2년 연속 가장 낮은 수준이다. 한국투자공사는 2015년 수익률 1위인 캐나다 국부펀드와는 무려 15.50%포인트 차이가 났다.[12]

감사원은 한국투자공사에 대한 감사에서 '대체자산 직접투자 결정 부적정'이라는 의견을 통해 '투자 여건, 리스크 등에 대한 충분한 검토 없이 특정 분야에 집중 투자해 대규모 손실이 발생'했다며 간접 및 공동투자 위주로 집행할 것을 요구했다. 그러나 2016년 8월 말 현재 대체자산 중 사모주식 직접투자 비중은 지난해보다 오히려 4%포인트(30→34%) 늘어났다. 한국투자공사는 2008년에도 미국 메릴린치에 투자했다가 1조 원의 손실을 입은 적이 있다.

한국투자공사는 투자전략이 노출된다며 보유주식 목록과 해외

4-4 주요 해외 국부펀드 및 연기금 수익률

(단위 : %)

	2014년	2015년
한국투자공사	4.02	-3.00
아일랜드	4.60	1.50
노르웨이	7.58	2.74
미국 캘퍼스	18.40	2.40
미국 캘스타스	18.66	4.77
캐나다	16.00	12.50

자료: 국민의당 김성식의원실, 한국투자공사

위탁운용사의 명단 공개를 거부하고 있는데 이는 시정되어야 하는 폐쇄적인 경영 방식이다. 세계 유수의 국부펀드 가운데 1,300조 원의 운용자산(AUM)을 보유한 일본정부연금펀드의 경우, 펀드가 보유한 2,665개의 주식종목과 평가금액까지 공개한다.[13] 한국투자공사가 해외 주식투자 목록을 공개하지 않으면 정보의 불투명성으로 인해 언제 다시 과거 메릴린치와 같은 사태가 벌어질지 알 수 없다는 사실을 인식해야 한다.

한국투자공사는 1조 원이 넘는 돈을 투자부적격 해외운용사에 투자 위탁한 것으로 파악되었다. 국회 기획재정위원회 소속 더불어민주당 송영길 의원이 한국투자공사가 제출한 자료를 분석할 결과, 한국투자공사는 2016년 7월 말 기준 해외 운용사 23곳에 외환보유액 214억6,900만 달러(약 24조 원)를 위탁 중이다.[14]

이 가운데엔 신용평가사 무디스로부터 투자부적격(Ba1) 평가를 받았던 투자은행 UBS에 위탁한 9억3,900만 달러(약 1조1,032억 원)도 포함되었다. Ba1 등급은 투자부적격 투기대상으로 정크(junk) 등급으로 분류된다. UBS은행은 과거 서브프라임 사태에 따른 대량 손실로 세계 10대 투자은행 가운데 손실비율 2위에 올랐던 적도 있다. 또 최근엔 전 직원이 고객 계좌정보를 다른 나라에 팔아 넘긴 혐의로 처벌돼 논란을 빚기도 했다.

그런데도 한국투자공사는 해외운용사 선정시 파산 등 결정적인 결격 사유가 없다면 신용등급보다 투자 인력의 전문성과 안정성, 투자 과정의 적정성 등을 고려한다며, UBS은행도 문제가 없다는 입장을 밝혔다. 이에 송 의원은 "외환보유액을 '묻지마' 식으로 해외운용사에 위탁하는 것은 매우 위험하다"라며 "국제금융시장 불안이 우려되는 가운데 투자 위험이 없도록 해외운용사 자산 건전성을 살펴야 한다. 해외운용사가 파산한다면 사실상 자금 회수가 어려울 텐데 해외운용사 선정 기준과 절차를 보강해야 한다"라고 말했다.

한국투자공사는 최근 사회문제가 되고 있는 옥시나 폭스바겐 등 비윤리적 기업에도 투자한 사실이 드러나 물의를 빚었다. 국회 기획재정위원회 새누리당 박명재 의원은 2016년 10월 한국투자공사 국정감사에서 "국민연금, 공무원연금, 사학연금은 2015년 7조603억 원 규모의 사회적 책임투자를 시행하고 있으나, 한국투자공사는 이에 대한 개념조차 없다"며 "대한민국 유일의 국부펀드라는 명성에 걸맞게 높은 수준의 윤리적 행동과 투자 철학을 확립해야 한다"고

강조했다.[15]

2015년 기준으로 국민연금은 6조8,516억 원, 공무원연금 1,091억 원, 사학연금 996억 원 등 총 7조603억 원 규모의 사회적 책임투자가 진행되고 있지만, 한국투자공사는 전무한 상태다. 박명재 의원은 "한국투자공사가 해외기업 중 환경오염, 무기거래, 아동착취 등 비윤리적 행위를 자행하는 곳에 투자가 이루어지지 않도록 사회적 책임투자에 대한 투자 프로세스를 적극 반영해야 한다"라고 강조했다.

이 같은 점에서 한국투자공사는 수익성에 있어서 투명성과 함께 윤리 경영의 가치를 실현하는 투자 기관으로 거듭날 필요가 있다.

BREXIT

4
—

총체적
쇄신 전략이
필요하다

한반도 재통일 과업

대한민국은 신양극체제에서 외교적으로 미국과 EU와의 관계를 유지하면서 동시에 중국, 인도, 그리고 이슬람 국가와 우호를 증진해야 한다. 우리의 미래는 급변하는 국제 역학 구도 속에서 국제관계를 어떻게 만들어가느냐와 재통일 문제를 어떻게 풀어가느냐에 달려 있다. 2015년 3월 〈한국경제신문〉에서 주최한 '2015 세계 경제·금융 컨퍼런스'에 초청된 조지프 스티글리츠 교수는 남북 간의 경제적 격차만 극복할 수 있다면 통일은 '대박'이 될 수 있을 것이라며 4가지 사항을 조언했다.

첫째, (2008년 금융위기를 언급하며) 채무를 기반으로 하는 소비와 그로 인한 성장이 아닌 투자를 유도하는 성장이 이뤄져야 한다.

둘째, 제조업에서의 일자리 감소가 불가피할 것이라고 내다보며, 고학력 인력이 많은 한국의 경우 보건·의료 서비스를 포함해 고부가가치 중심의 서비스 산업 위주로 산업이 구조조정되어야 한다.

셋째, 최근 미국 최상위층은 굉장히 큰 부를 누리고 있지만 평균적으로 미국 국민 삶의 질은 25년 전보다 저하되었다. 통일 한국에 대비해 부의 불균형을 해소하기 위한 대책 마련이 시급하다.

넷째, 경제 성장과 부의 공유는 결국 세수를 통해 충당될 것이고 과세에 대한 원칙이 우선 마련되어야 재무 건전성도 확보할 수 있다.

스티글리츠 교수의 조언에 동의하는 부분도 있지만 필자는 다른 견해를 갖고 있다. 4가지로 정리하면 다음과 같다.

첫째, 남북 간 경제적 격차 극복은 동·서독 사례를 봤을 때 남한의 70% 수준이 되려면 적어도 20년 이상이 소요될 전망이다. 그러나 경제적 격차 극복은 개인의 부의 창출이 아닌 정부 주도의 개입으로 부의 분배가 이루어질 경우에 가능하다.

둘째, 한국이 국제 경쟁력 있는 제조업 기반 없이 지속 성장 가능한 경제로 발전하기는 어렵다. 금융업 비중이 큰 미국과 영국의 앵글로색슨식 경제 모델이 아닌 의류, 제약, 중장비 부문 제조업에서 경쟁력을 보이는 독일과 스웨덴식 경제 모델이 한국이 지향해야 하는 모델이다.

셋째, IMF 위기와 금융위기가 가져온 부의 양극화로 한국민의 삶의 질 또한 저하되었다. 서울의 생활비가 런던, 도쿄, 뉴욕을 추월했다는 사실은 일반 국민들이 체감하기 힘든 부분이다. 통일 후 정부의 방만한 투자 정책과 전략 부재는 현재의 양극화가 더 심화시킬 가능성이 있다. 통일은 정부 세입의 확충할 수 있는 기회이지만 부의 분배 문제에 있어서 커다란 실책을 초래할 가능성이 있으므로 이에 대한 철저한 대비 방안이 필요하다.

넷째, 세수 확충 방법은 법인세 인상을 통한 것이 우선시 되어야 부의 공정한 분배 문제를 해소할 수 있다. 동시에 기업들이 경영 이익으로 창출한 자금을 투자에 쓰지 않고 재테크에 쓰는 한 기술 혁신과 신 성장산업 육성을 기대하기 힘들다. 세출에 있어서 중앙 정부의 지방자치기관에 대한 지원금이나 보조금은 정치적인 관계에 의해서 아니라 생산성과 잠재성에 따라 결정되어야 한다.

앞서 언급한 대로 신양극체제의 국제 질서에서 대한민국은 어떻게 통일에 대비하느냐가 중차대한 과제다. 과거의 통일지상주의는 이제 국민들에 대한 설득력이 떨어진다. 왜냐하면 통일이 가져다주는 이득보다는 통일로 인해서 빼앗길 것에 대한 우려 때문이다. 그러나 통일은 민족사의 순리이며 새로운 도약의 기회가 될 것이 분명하다.[16]

단일민족으로서 살아온 5,000년 역사 가운데 분단의 기간은 불과 반세기를 조금 지났을 뿐이다. 또한 민족의 뜻과는 상관없이 외세의 의해 나뉘어진 남과 북의 상황은 전쟁을 일으킨 대가로 승전국에 의해 나뉘어진 독일과는 형세가 다르다. 독일과 공통점이 있다면 다음 한반도 통일은 재통일이라는 점이다.

독일은 1871년 비스마르크가 독일 영토를 통일한 적이 있고 1949년 동독과 서독으로 양분되기까지 78년간 한 나라였기 때문에, 1990년의 통일을 재통일(Wiedevereinigung)이라 부른다. 같은 맥락에서 한반도에서 첫 통일을 676년 신라 통일을 기준으로 하거나 918년 고려 건국을 기준으로 하더라도, 1945년까지 우리는 한 영토 내에서 1269년 또는 1027년 동안 한 나라로 살아왔기에 다가올 통일은 재통일인 것이다.

더불어 오늘날 다른 민족끼리도 통합하고 FTA를 체결하는 시대의 흐름을 볼 때, 문화와 언어를 공유하는 민족이 다시 하나가 되는 것은 매우 실리적인 일이다. 다만 남북이 강대국에 의해 나뉘었기 때문에 당사국인 남북의 의지와 합의만으로는 통일이 이루어지지 않는다는 문제가 있다.

주변국 이해관계의 충돌

이제 한국은 '북한의 갑작스런 붕괴에 어떻게 대비하고 있는가'라는 질문에 답할 준비가 되어 있어야 한다. 또한 냉전시절 양극체제의 최전방이었던 한반도에 대한 주변 강국의 지정학적 이해관계는 새로운 국제질서인 신양극체제에서도 첨예하게 대립될 것이다.

만일 북한정권이 갑작스럽게 붕괴할 경우 한국군 또는 미군의 개입이 없거나 미온적으로 대응한다면, 중국군과 러시아군이 신속하게 북한에 진주할 가능성이 크다. 이럴 경우 미국은 애써 이들과 군사적으로 충돌하는 리스크를 감수하지 않을 것이다. 게다가 테러와의 전쟁으로 소진되는 미국의 국가재정과 미국 내 반전 무드는 주한미군의 향방에도 영향을 줄 수 있다.

주한미군이 있든 없든 제2의 38선이 그어지지 않게 하기 위해서 한국은 예상되는 시나리오별로 구체적인 북한 접수 계획을 수립해 놓아야 한다. 어떠한 일촉즉발의 상황이 벌어지더라도 일사분란하게 대응할 채비를 갖추지 않을 경우 한반도 문제는 또 다시 주변 강대국의 이해관계에 따라 좌지우지되는 비극에 처하게 될 것이다.

2006년 2월, 미국에서는 북한 붕괴시의 가상 상황을 그려보는 워크숍이 있었다. 이 워크숍은 미 국무부가 제안한 것으로 북한의 붕괴 이후 한국과 미국 등 주변국들의 대응 방안을 사전에 마련하기 위한 프로젝트(The Day After)의 일환이었다. 이 워크숍에 참여한 미국측 전문가는 전략국제문제연구소(CSIS)의 조엘 위트 연구원과 스콧 스나이더 아시아재단 연구원이었다.

이 프로젝트를 보면 미국이 한반도 통일에 대해서 어떤 생각을 갖고 있는지를 알 수 있는데, 우선 미국은 북한을 이라크의 경우와 동일시하는 잘못된 접근 방식을 보이고 있다. 미국은 이라크에서 이루어진 것처럼 민사 작전을 통해 치안을 안정시키는 작업도 필수적이라고 보고 있다. 만일 2,200만 명의 북한 주민에 대해 민사 작전을 수행하려면 수십만 명 규모의 병력이 투입되어야 하는데 여기서 수십만의 병력이 한국군을 포함한 다국적군인지, 한국군을 제외한 다른 형태의 다국적군인지는 분명하지 않다.

또 다른 쟁점은 주변국이 한국의 권한을 어디까지 인정할 것이냐에 관한 것이다. 과도정부 구성과 북한 진주군에 대한 문제의 경우 UN 안전보장이사회의 결의를 반드시 거쳐야 한다는 점을 강조함은 주변국들의 이해관계를 통일한국에 그대로 반영하겠다는 것인데, 구체적인 내용은 다음과 같다.

▬ 사태 초기부터 한국은 자국 헌법 조항을 근거로 북한지역에 대한 주도적 통제권을 주장할 가능성이 높다. 그러나 한국이 단독으로 상황을 관리하는 것은 여건상 불가능한 만큼 주변국들의 개입과 조력이 필수적이다. 과도정부 구성에 대해서는 지방의 행정체계를 조직하고 인원을 확보하는 작업과 중앙의 과도정부를 만드는 작업이 동시에 진행되어야 하는데 이 작업의 국제법적 정당성을 확보하기 위해서는 UN 안전보장이사회의 결의가 필수적이다. 과도 행정조직에 이전 북한 정부 관계자들의 참여를 허용할지도 쟁점이 될 수 있으며, 주변국 군대가 북한에 진주하는 것에 대해서도 UN 안전보장이사회의 승인은 필수적이다.

위 내용을 보면서 북한 붕괴시 대한민국 정부의 역할이나 비중은 미미하기 그지 없다. 좀더 냉정하게 말하자면 당사자인 한국은 무시되는 지경이다. UN 안전보장이사회의 5개 상임국 중에 상하이협력기구의 축을 이루는 중국과 러시아가 있는데 우리가 기대하는 방향으로 통일 문제가 진행될 가능성은 희박하다. 더군다나 통일 후 가장 염려되는 것은 UN 안전보장이사회의 결의안과는 상관없는 러시아와 중국 연합군의 갑작스런 북한 진주라는 점은 이미 예상되는 시나리오다.

6자 회담에서 중국이 주최국 역할을 자처하는 배경에는 북한의 붕괴 이후에 북한 문제에 가장 깊숙이 간여할 수 있는 위치를 주변국들로부터 인정 또는 묵인받을 수 있는 사전작업의 의미가 깔려 있다. 이와 관련하여 중국은 2004년부터 두만강과 압록강 지역에 국경수비대 인원을 증강해왔다. 나아가 두만강 유역 나진항에 대한 50년 개발 및 사용권을 갖고 북한과 공동개발 프로젝트에 착수했다. 이는 중국이 북한에 대한 영향력을 늘리고, 아울러 북한의 붕괴시벌어질 상황에 대비하고 있다는 의미로 해석할 수 있다. 이런 맥락에서 주한 대사와 주중 대사직을 역임한 릴리 대사는 2007년 다음과 같이 밝힌 바 있다.

▬ "중국이 북핵 문제 해결에 시간을 끄는 것은 북한이 무너지면 진입하려는 의도다. 미국은 중국이 동북공정을 통해 북한지역의 절반 이상을 중국 땅이라고 주장하고 있는 부분에 대해 눈여겨봐야 한다. 중국이 북한과의 국경지역에 대규모 군부대를 전진 배치한 것

도 북한이 붕괴될 경우 북한 진입을 위한 것이며, 중국이 북한의 신의주 특구 추진을 무산시킨 점도 간과해서는 안 될 대목이다. 신의주 특구가 성공할 경우 중국의 동진(東進) 정책에 차질이 생기기 때문이다."

주한미군의 대중국 견제 역할을 놓고 한·미 간에는 분명한 시각차가 있다. 중국군의 북한 진주 가능성이 제기되는 상황에서 미국의 신아미티지 보고서는 "한국은 결국 중국 편에 서게 될 것"이라는 전망을 내놓았는데 이 보고서를 토대로 보면 중국은 미국의 포위정책에서 벗어나기 위해 한국을 방패막이로 이용할 수도 있다. 사드(THAAD, 고고도미사일방어체계) 배치에 대해 중국이 첨예하게 반발하는 이유도 이 같은 맥락이다. 한편 이 보고서의 내용대로 만일 미국이 한국은 언젠가 중국 쪽으로 기울 것이라는 의구심을 갖게 된다면, 한국은 결과적으로 미국과 중국으로부터 동시에 외면당할 가능성이 있다.

안보 차원의 대응과 역점을 두어야 하는 국제관계

국제 안보 차원의 대응

한국은 실질적으로 친북대서양조약기구 성향의 친미조약기구에 속해 있기 때문에 6자 회담에서 상하이협력기구의 주축국가인 러시아와 중국의 협조를 얻어내기가 점점 더 어려워지는 상황이다. 북대서양조약기구는 2004년 유럽 외 지역에서 교류와 협력을 강화할 국가를 이른바 '접촉국가'라고 분류하고 일본, 호주, 뉴질랜드, 싱가포르와 함께 한국을 여기에 포함시켰다.

스헤페르 전 북대서양조약기구 사무총장은 "전 지구적 위협이 상존하는 상황에서 북대서양조약기구는 어느 때보다 다른 나라의 도움에 의존하고 있다"라며 "한국과 일본 등은 장래에 북대서양조약기구의 작전에 중요한 기여를 할 수 있을 것이다"라고 언급한 바 있다. 한국과 북대서양조약기구의 협력 관계가 구체화될 경우 합동 군사훈련의 실시를 전제로 한다는 점에서 주한미군의 한반도 외 지역에서의 작전 등을 포함하는 주한미군의 전략적 유연성을 비롯하여, 한미 동맹 관계의 미래 위상에도 긍정적인 효과를 기대할 수 있다. 게다가 주한미군과의 연합훈련만이 아닌 북대서양조약기구의 다국적군과의 합동훈련은 한국군의 작전 능력을 향상시킨다는 점에서는 고무적인 일이다.

한국과 북대서양조약기구는 2008년 처음으로 정책협의회를 가졌고, 아프가니스탄 안정화, 핵 비확산, 테러리즘 등에 대해 의견을 교환하고 군인 연수, 교육 등 인적 교류 강화에 대해서도 논의한 바 있다. 북대서양조약기구의 역할 확대에 따른 한국과의 안보 협력은 '21세기 신양극체제'에서 협력의 질을 높여준다. 그러나 동시에 중국을 위시한 상하이협력기구 국가와의 협력이 뒤로 밀려서는 안 된다.

브렉시트로 인하여 영국과 미국의 관계는 안보와 방위산업 협력 측면에서 북대서양조약기구를 통해서 더욱 공고해질 전망이다. 따라서 한국은 안보의 안전 장치를 얻기 위해서 북대서양조약기구와 유대를 공고히 하고, 경제의 안전 장치를 확보하기 위해서 상하이협력기구를 동시에 상대해야 되는 다각적이면서 균형 있는 외교 안보 정책을 구사해야 한다.

한미 관계: 현실주의에 입각한 외교관계를 구축하라

폴 케네디 교수는 한국 정부가 미국에 대해 좀더 비판적이고 과거에 비해 독립적이라고 보고 있다. 더불어 지나치게 나가는 것에 대해서는 조심하라고 자문한다. 이것은 비단 케네디 교수 같은 미국학자 한 사람의 생각만은 아니기에 참고할 필요가 있다. 한미 동맹의 약화는 우리에게 이로울 것은 없다. 미국뿐 아니라 어떤 외교 관계도 악화되어서는 안 된다. 그러나, 케네디 교수의 견해는 평등하지 않은 한미관계를 단적으로 보여준다. 그는 "전시작전권 환수 문제 등을 지금 이야기하는 것은 잘못된 메시지를 줄 수 있다"라고 하면서 "미국의 무관심과 외면이 한국에 더 큰 위험이다"라는 조언을 넘어선 강도 높은 경고성 발언을 했다.

　케네디 교수의 지적 중에 우리 정부가 귀담아들어야 할 대목이 있다.

━━ 한국뿐만 아니라 어느 국가도 자주 국방을 강화하는 것이 현명하다. 오히려 준비하지 않고 있는 것이 문제일 수 있다. 그러나 대외

적으로 미국과 독립적으로 자주 국방을 얘기하는 것은 외교적으로 어리석은 짓이다. 단기적으로, 외교적으로 일종의 사치라고 할 수 있다. 한편으로 필요하기는 하지만 영리한 외교관이라면 대외적으로 떠들지 않을 것이다.

자주 국방의 역량을 높이는 것은 당연한 일이지만, 기존의 군사 동맹 관계를 손상시키면서까지 그럴 필요는 없는 것이다. 내부적으로 조용히 진행해야 할 일과 밖으로 노출해야 할 일에 대한 구분이 없는 서툰 외교는 중단되어야 한다. 더 많은 우방이 필요한 시기에 전통 우방과의 관계가 소원해지는 것은 외교 안보 정책의 실패다.

한중 관계: 대등한 선린관계를 지향하라

2016년 8월 24일은 한국과 중국이 43년간의 적대관계를 청산하고 수교를 맺은 지 24년이 되는 날이었다. 광대한 중국 시장은 한국 수출에 새로운 활기를 불어넣었다. 수교 12년 만에 중국은 최대 수출 시장으로 부상했고 2016년 총 수출액의 25%를 중국이 차지한다. 중국은 우리의 최대 수출국 자리와 함께 이젠 일본을 제치고 최대 수입국 자리도 차지했다. 우려되는 것은 이것이 중국이 한국에 대해서 더 큰 발언권을 제공하는 단서가 될 수 있다는 점이다. 자신들이 한국 경제를 살찌웠으니, 한국과 한반도 문제에 더 큰 영향력을 행사할 자격이 있다고 목소리를 높일 가능성이 다분히 있고, 중국 외교부와 관영 매체의 논조는 그것을 증명한다.

여러 각도에서 따져보면 앞으로의 양국 관계가 쉽지 않을 전망이다. 역사적으로 한국을 중국 속국으로 보아왔고, 지금도 그러한 시각이 남아 있다. 동북공정[17]에서 보여주듯이 막무가내 식의 영토권 주장, 탈북자를 북한으로 강제 송환하는 비인도적 관행, 이어도 영토 주장, 중국 어선의 서해 영해권 침해와 불법 조업 등 중국 정부의 이기적이고 무성의한 모습은 선린관계가 어떻게 잘 이어질 수 있을지에 의문을 제기하게 만든다.

한국 무역에서 제일 큰 비중을 차지하게 된 중국을 상대해야 하는 중요성을 알면서도 청와대 요직에는 중국 전문가가 없다. 그토록 다자외교의 중요성을 강조하면서도 대통령 측근 참모들은 여전히 미국 통들로만 구성되어 있는 것이다. 한중 관계를 총체적으로 대등한 관계로 끌어올리기 위한 정부의 중장기적 전략이 필요하다. 이를 위해서는 중국 전문가들이 분야별로 청와대와 정부 각 기관에 포진되어야 한다.

한일 관계: 역사는 되풀이하지 마라

일본은 역사적으로 어떤 계략을 세우면 서서히 공략한다. 그러다가 때가 무르익으면 계략대로 덥석 삼켜버린다. 임진왜란을 위한 준비가 그랬고, 1875년의 운요호 사건에서 1910년 경술국치까지 35년을 벼르다가 조선을 삼킨 전례가 그랬다. 지금 독도가 또 다른 예가 되고 있다. 조용히 진행시키다가 독도가 자기 내 땅이라고 역사교과서에 어물쩍 실어버렸다. 분명히 점차 강도를 더 높일 것이다.

2006년에는 독도에 탐사선을 보냈다. 향후 일본 어민들의 독도 근해조업이 예상되고, 일본 어민이 체포되면, 일본 해상자위대의 무력 시위가 뒤 따를 것으로 예상된다. 또 다른 시나리오로 일본 극우파들의 독도 상륙과 독도에 대한 주권 행사 차원에서의 자위대 파견으로 이어질 수 있다. 운요호 사건에서 독도 문제까지 일본의 술수가 되풀이되는 양상이다.

위안부 문제를 부실하게 처리한 박근혜 정부의 커다란 과오는 소녀상이 강제 이전될지도 모른다는 염려를 국민에게 끼친 점이다. 소녀상이 있는 곳은 한국 영토인데도 어찌 주권 국가라고 하면서 이런 상황에 이르렀는지 개탄하지 않을 수가 없다. 청와대에서 외교 안보 전문가들의 조언을 제대로 따랐더라면 벌어지지 않았을 일이라고 본다.

한국과 일본이 군사정보보호협정(GSOMIA)에 2016년 11월 23일 전략적으로 합의했다. 반일 정서가 팽배하고 일본의 군사 대국화 움직임이 커지는 상황에서 시기적으로 적합하지 않다고 본다.

명분은 북한의 점증하는 핵미사일 위협에 대응해 일본과 군사정보를 직접 공유하기 위한 군사정보보호협정 체결 협상을 재개하는 것이지만 배경이 석연치 않다. 군사정보보호협정은 이명박 정부 시절인 2012년에도 추진되었으나 막판에 '밀실 협상' 논란에 휘말려 서명 직전에 중단된 바 있다. 국제 협상이란 우리의 필요와 주도에 따라야 하는데 그렇지 못한 점에서 군사정보보호협정 체결은 향후 한일관계에 있어 자충수가 될 수 있는 전례를 남기고 말았다.

한·미·일 삼국 동맹이 대한민국 안보의 근간임은 틀림없는 사실이나 우리의 필요와 우리의 조건이 아닌 미국 또는 일본의 필요와 그들이 만든 협상 조건에 끌려가서는 안 된다. 한미일 삼국 동맹에서 중심 있고 균형 잡힌 외교 안보 정책이 어느 때보다도 절실하다.

한-EU 관계: 유럽을 새로운 시각으로 바라보라

EU는 중국에 이어 제2의 수출시장이며, 외국인직접투자의 3분의 1을 차지한다. EU는 우리나라와 2011년 FTA를 타결하고 그 비중이 커지고 있다. 정부는 EU에 대한 접근을 브렉시트와 상관없이 IMF, OECD 등 중요한 국제기구에 핵심적인 회원국의 위치를 차지하고 있는 EU 회원국들을 EU차원과 개별국가 차원의 양방향으로 접근해야 한다.

특히 국제 무대에서 영향력이 커진 독일과의 관계 증진에 각별히 관심을 기울일 필요가 있다. 그리스 재정위기 이후 EU 내에서 독일의 입지는 강화되었고, 국제 무대에서는 이란 핵 문제 해결을 위한 협상 당사국으로 '6대 강대국(Six Powers)'에 UN 안보리 5개국과 함께 독일이 포함될 정도로 그 위상이 증대되었다. 이러한 상황에서 메르켈 총리가 그간 중국에 아홉 차례나 방문한 사실은 주목할 만하다. 한국과 중국의 외교역량의 차이가 느껴지는 것이다. EU 내부적으로 일본이 중국보다 외교역량 면에서 우위에 있다는 평가는 일반적이지만, 한국은 그 비교 대상조차 되지 않는 것이 현실이다. 앞으로 한국은 외교 대상 국가 순위 재정립의 측면에서 한독 관계를 좀

더 공고히 할 필요가 있다.

이를 위해서 유럽 전문가의 등용이 필요하다. 유럽에서 유학을 했다고, 유럽 언어를 한다고 지역 전문가가 아니다. 진정한 지역 전문가는 현지에 영향력 있는 인맥을 구축하고 있어 특정 사안이 떠오르면 그 인맥을 활용할 줄 아는 사람을 말한다.

기업은 기업 차원에서 네트워킹에 주력하고 유럽과의 산업협력을 강화하여 기존의 사업 확대 방안과 새로운 사업 기회를 모색해야 한다. 동유럽으로 산업기지들이 이전하는 상황을 주시하고, 이에 맞는 현지법인의 활성화도 요구된다. 기업인들은 미국 위주의 세계관에서 벗어나 균형 잡힌 국제시각을 가질 수 있도록 유럽 관련 정보에 관심을 가져야 한다.

경제학과 정치학뿐만 아니라 미술, 음악, 신학을 포함한 거의 모든 전공 분야의 유학이 미국에 편향되어 왔다. 더구나 한국 사회에 국제화와 세계화를 미국화와 동일시하는 잘못된 인식이 있다. 다원화된 사고와 다양성이 중요한 국제 무대에서 미국적 시각으로만 세상을 본다면 바람직한 접근이라고 할 수 없다. 따라서 유학 방향을 분야별로 강점을 보이는 유럽 선진국으로 분산해야 한다. 유럽에서 시작된 기초과학과 사회과학 분야를 찾는 것도 미국 유학과 차별화할 수 있는 방법 중에 하나다.

유로화, 금본위제가 될 것인가

제임스 리카즈는 저서 《커런시 워(Currency War)》에서 세계적으로 다가올 위기를 이렇게 전망했다.

━━ 새로운 위기는 통화 시장에서 시작되어 주식 시장과 채권 시장, 상품 시장으로 급속히 번질 가능성이 높다. 달러 가치가 붕괴하면 달러 표시 시장도 붕괴할 것이며 이어서 공황이 전 세계로 퍼져나갈 것이다.

여기서 위기의 시발점을 통화 시장에 두고 있음에 주목할 필요가 있다. 여기서 통화란 달러를 위시한 유로와 위안도 포함된다. 게다가 리카즈는 "또 다른 미국 대통령은 달러 가치의 폭락을 막을 급진적인 계획을 발표하고, 새로운 계획에는 심지어 금본위제로 되돌아가는 방침이 포함될 수도 있다"라고 예측했다. 또 "새로 매겨진 높은 가격으로 금을 새 달러와 교환할 수 있는 영수증을 받게 될 것이 분명하다"라고 새로운 화폐의 등장을 확신하며 "국제 통화 제도가 지금과 완전히 달라질 것이다"라고 전망했다.

그러나 리카즈는 기존 달러를 대체할 새로운 달러의 등장의 예측했지만 세계 단일화폐로서 새 화폐의 등장까지는 예견하고 있지 않다. 필자는 2010년 출간된 《우리만 모르는 5년후 한국 경제》에서 미국 달러의 종말을 이렇게 예측했다.

━━ 2022년에 이르면 미국 달러가 화폐로서 종말을 고할 것이다. 2015년에서 2022년까지 세계 경제는 1930년의 대공황 때보다 더 큰 혼란을 치루게 된다. 이 7년간 국제 결제 수단은 유로화와 위안화뿐만 아니라 현물로 대신하는 물물교환의 양상도 함께 벌어지게 된다. 금을 위시한 귀금속과 철과 같은 일반 광물 그리고 오일과 식량이 결제 수단이 될 것이라는 뜻이다.

1900년 이전 당시 세계의 모든 산업화 국가라 할 수 있는 50여 개 국가가 금본위제를 시행했다. 금본위제하에서 유럽의 주요 국가들이 농업국에서 공업국으로 탈바꿈하면서 전대미문의 경제 발전을 이룬 중요한 시기에 그들의 화폐는 고도의 안정세를 유지했다.[1]

또한 루안총샤오는 《금의 전쟁》에서 금본위제가 시장경제의 안정을 기하는 데 기여한다는 확고부동한 신뢰를 표하고 있다.

━━ 금본위제는 진정한 시장경제가 발전하면서 인류가 선택한 산물이고, 황금은 인류가 신뢰하는 성실한 화폐다. '황금빛 세계'에는 인플레이션이 없기 때문에 사람들은 화폐를 신뢰하고 자신의 노동 성과를 안심하고 누릴 수 있다. 따라서 황금만이 인플레이션 문제를 해소하고 국민의 자산을 보호하면, 사회자원의 합리적 배분을 보장할 수 있다.[2]

이 논리에 준한다면, 브레튼우즈 체제 이후에 금본위환제를 포기함으로써 벌어진 미국을 위시한 세계경제는 신뢰할 수 없는 체제로 변질되었다는 뜻이 된다. 리카즈는 《커런시 워》를 통해서 2009년 참가한 미국 국방성의 모의 금융 세계대전에서 얻은 교훈은 "미국은 달러가 완전히 붕괴되더라도 의지할 수 있는 막대한 금을 보유하고 있다"라는 점이라고 언급하며, "미국에 보관된 거의 모든 금이 민간 은행의 금고가 아니라 켄터키의 포트 녹스나 뉴욕 허드슨 강변의 웨스트포인트와 같은 군사 기지에 있다는 사실은 국가의 부와 안보의 연관성을 시사한다"라는 의미심장한 말을 했다.

금값이 오른다

자금 동원력이 있는 투자자들은 안전자산을 매입한다는 의미에서 원자재 투자에 나서고 있다. 투자의 대상이 되는 대표적 원자재는 금, 농산물, 원유다. 특히 금은 금융 위기 이후 일반인들뿐만 아니라 몇몇 중앙은행들로부터 주목을 받고 있다. 이 같은 현상이 벌어지는 이유는 주요 화폐 환율에 대한 불안과 함께 인플레이션 시대에 투자하기 안전한 원자재가 금이기 때문이다.

특히, 2009년 후반에 들어서 금이 팔려나간 배경에는 달러 약세가 있다. 이와 함께 달러가 약세를 보이면서 일반 투자자들은 금 연동형 상장지수펀드(ETF)에 투자해왔다. 세계 전체의 금 상장지수펀드의 잔고는 1,400톤인데, 금 상장지수펀드를 사는 것은 현물 자금을 사는 효과를 볼 수 있기 때문에 연간 4,000톤 전후인 금 시장으로서는 수요 측면에서 볼 때 강력한 지원 요인이 된다.

기축통화인 달러에 대한 신뢰가 흔들리고 있다는 점에서 금 확보에 대한 열의는 멈추지 않는다. 또한 경제 침체에서 금을 사들이는 주된 요인은 대부분의 국가들이 수출을 늘리기 위해서 자국 화폐의 절하를 원하기 때문이다.

2009년 7월 산업은행 강연에서 필자가 금값의 상승을 예측할 당시 온스당 700달러였다. 더불어 2010년 출간된 《우리만 모르는 5년 후 한국 경제》에서 2,000달러 돌파 가능성을 예측했고, 금 가격은 2011년에 2,000달러 가까이 오른 적이 있다. 이번에는 금값이

4,000달러까지 가는 것도 가능하다고 본다. 이 예측 또한 맞는다면, 달러뿐만 아니라 유로를 포함한 많은 화폐가 금본위제로의 전환은 더욱 명확해진다. 왜냐하면 브레튼우즈 체제에서 온스당 35달러였던 금값이 3,500달러 이상으로 1,000배 넘게 오른다면, 금 보유국가들은 금본위의 단일화폐 탄생에 동참할 것이기 때문이다.

환율 전쟁뿐만 아니라 금값 상승으로 이득을 보는 것은 미국과 EU 국가들이다. 한 예를 들어보자. 250억 달러 자산을 운영하는 소로스 펀드(Soros Fund Management LLC)는 에스피디알 골드 트러스트 펀드(SPDR Gold Trust)의 네 번째로 큰 투자가로서 그의 금 매입 시점을 추적해보면 중국보다 한 발 앞서고 있다는 사실을 알 수 있다. 결국 시세 차액을 많이 챙길 수 있는 것은 소로스를 비롯한 현물 가격에 직접적 영향 행사가 가능한 시장 세력인 것이다.

각 중앙은행이든 시장세력이든 금 보유자들이 갖고 있는 당연한 기대는 금값의 상승이다. 금융 위기가 휩쓸고 간 2008년 10월부터 2010년 4월까지 18개월 동안 구제 금융의 대상이었던 뱅크오브아메리카와 골드만삭스 같은 대형 은행들은 4조6,800억 달러를 실물 사재기에 쏟아부었다. 그들이 사들인 현물 구입 대금 가운데는 상당 액수가 금 매입에도 투자된 것으로 추정된다.

미 달러의 금본위제로의 회기를 전제로 했을 때, 금값 상승은 정해진 수순이다. 혼란기를 거친 후 등장하는 일명 '뉴 달러'의 창출은 미국에게는 위기를 벗어나는 새로운 기회를 제공할 것이다. 그러나 유로 도입 과정에서 유로와 독일의 마르크를 2:1로 교환해준 것 같은 일이 기존 달러와 뉴 달러의 대체 과정에서 벌어질지는 현 단계에서 미지수다.

최악의 시나리오는 기존 달러가 종이가 되는 것이다. 이 경우 구 달러는 결코 뉴 달러와 일정 비율로 교환해주지 않는다. 그러나 금 가격이 온스당 3,500달러를 상회하면 기존 달러와 일정 비율로, 가령 1:7 정도로 교환해주는 것도 문제되지 않을 것이다.

금은 1980년 온스당 835달러를 기록할 때 투기 대상인 적이 있었다. 그러나 그 후 20년 동안 액면가가 3분의 2이나 하락했다. 금값은 2000년 온스당 273달러로 최저가를 기록한 바 있다.

〈머니 모닝〉 2010년 8월 17일자는 중국이 세계 경제에서 차지하는 비중이 커지는 것은 세계 금값에 중국이 미치는 영향 때문이라고 설명한다. 국제 금값은 2016년 11월 30일 현재 온스당 1,173달러이고, 브렉시트 여파로 단기적으로는 1,400 달러 선에 이를 것으로 예상된다.[3]

추가적인 금 시세 상승에 대한 이유는 상하이협력기구의 두 맹주인 중국과 러시아에 달려 있다. 먼저 중국은 국내에서 금 구매에 대한 자유화 조치를 강구하고 있어, 세계에서 저축에 가장 관심을 보이는 중국인들은 금 구매를 통해서 저축을 할 태세다. 이는 중국 정부가 부추기는 바이기도 하다. 중국의 중앙은행인 중국인민은행은 전통적으로 보유 화폐 가치의 10%를 금으로 보유해왔다. 그러나, 중국의 외환보유고가 2조 달러를 넘어서는 시점부터 금이 차지하는 비중이 급격히 떨어졌다. 2010년 3월 말에는 중국인민은행이 보유한 금은 1,054 톤으로서, 외환보유고의 1.5%에 불과했다.

한편, 중국 국민에 의한 금 수요는 연간 20% 증가세에 있다. 따라서 인민은행의 금 보유와는 별도로 개인 금 보유가 늘어나고 있어 금 수요의 증가는 금값 상승으로 이어질 전망이다.[4] 대외경제연구원의 중국전문가 포럼 뉴스 브리핑에 따르면 중국인민은행은 꾸준히 금 보유에 집착하여 2015년 11월, 1,743톤으로 늘렸다.[5] 5년 사이에 무려 700톤을 더 확보한 것이다.

인민은행이 6년간의 침묵을 깨고 금 보유량이 57%나 급증한 사실을 공개하는 것을 보면서, 이를 위안화의 IMF의 SDR 편입을 위한 인민은행의 데이터 공개 투명화로 생각할 수 있다. 주목해야 할 점은 중국과 함께 상하이협력기구 6개 정회원국 중에 러시아와 카자흐스탄도 중국처럼 가격 하락세를 틈타 금을 매입했다는 사실에서 공개되지 않은 그들만의 합의가 있었다는 추정이 가능하다. 런던에 소재한 〈마켓와치〉의 데이비스 마쉬는 중국과 러시아의 금 보유량 증대를 세계 환율시장에서 달러의 독점을 견제하기 위한 것이라고 분석했다.[6]

미국 달러화의 불안정성에 우려를 표하고 있는 중국인민은행은 금을 보유함으로써 달러 가치의 하락 리스크를 줄이려고 주력하기 때문에 금 구매는 앞으로도 늘어날 전망이다. 그러나 국제 금값에 변동을 주지 않고 금 보유량을 늘리려는 중국 정부가 직면하는 문제가 있다.

먼저, 세계 금광의 연 생산량은 2,500톤이고 가치는 1,100억 달러라는 점이다. 생산량 중 2,000톤이 반지와 목걸이, 치과용 등으로 사용되고 투자 대상은 500톤 정도다. 둘째, 기존의 채광된 금 16만 3,000톤의 총 가치는 6조 달러다. 따라서 중국과 같은 금 보유국은 쉽게 세계 금 시장을 요동치게 만들어, 금값을 통제할 수 없을 정도로 인상시킬 수 있다는 점이다.

안전자산으로서의 금

중국 정부는 일반 개인 투자자들에게 금과 은에 대한 투자를 장려하고 있다. 과거 중국 당국은 투기적인 중국 증시와 부동산 시장의 대안으로서 금 투자를 권했다. 그러나 이제는 금이 미국 달러나 기타 외환보다도 더 보편적인 투자 옵션으로 자리 잡았다. 중국 증시가 부진을 보일 경우, 투자의 방향이 금으로 바뀔 가능성이 크다. 중국에서는 개인이 외환을 구매하는 것은 금지된 상태이고, 중국의 투자자들은 미국 달러와 유로화마저도 불신하고 있기 때문에 중국의 인플레이션은 금값의 급격한 상승을 촉발하게 된다.

세계 금 유통량과 연방준비이사회(FRB)의 금 보유량 변동에 대해서 엑케르트는 다음과 같이 설명한다.

━━ 세계 금 저장량은 1950년의 약 5만 톤에서 1999년 15만3,000톤으로 증가했다. 금은 세계 주요국 중앙은행의 중요한 신용보증이자

발행된 지폐의 최후 담보물이다. 미국 정부의 쿼터는 40%에서 2000년 전후로 5.3%로 하락했다. 연방준비이사회는 이제 세계 경제와 금융을 주무르는 유일무이한 통치자가 아니라 가까스로 명맥을 유지하는 '마지막 황제'가 되었다.

연방준비이사회의 금 보유량은 8,100톤 이하로 떨어진 적이 없고, 연방준비이사회 자산에서 차지하는 비중도 항상 75% 이상이었다. 그런데 연방준비이사회가 황금 때문에 딜레마에 빠졌다. 황금을 억압하지 않으면 금값이 오를 것이고, 값이 오르면 황금을 더 많은 사람들의 추종을 받게 될 것이다. 그렇게 되면 황금은 언젠가 달러의 패권적 지위를 전복할 것이다. 하지만 황금을 계속 억압하기 위해 영국과 미국의 금융 거물인 연방준비이사회와 잉글랜드은행이 지나치게 '실탄'을 낭비한다면 달러와 파운드의 담보자산이 줄어들고 최고사령부는 수세에 몰리게 될 것이다. 그리고 달러 위주의 법정 화폐 체계는 금의 거센 공세 앞에서 붕괴할 때까지 계속 뒷걸음질치게 될 것이다.

중국 러시아의 금 사재기에 함께, 브렉시트, 이자율 하향세의 확산, 유럽 은행들의 건전성 악화 등의 심상치 않은 변수들은 금을 안전자산으로 삼게 만드는 충분한 이유가 되고 있다.[7]

달러가 기축통화로서 힘을 잃어가고 있고, 달러 가치 하락이 예상되는 가운데 중국이 취할 수 있는 최선의 방법은 보유 달러의 다른 것으로 대체하는 것이다. 그 중에 중국 정부의 최우선적 목표는 금에 있다.

2011년부터 중국은 인도를 제치고 세계 1위의 금 구매국이 되었다. 1999년 IMF 회원국 간에 체결된 '워싱턴 금 협약'은 각국 중앙은행은 연간 금 판매를 500톤으로 제한했고, 2009년에 5년 연장된 협약은 400톤으로 하향 조정한 바 있다. 따라서 중국은 인민은행이 사들일 수 있는 금의 양이 한정되어 있기 때문에 산동골드그룹 같은 기업과 개인을 통해서 다각적인 방법으로 금을 사들이고 있다. 따라서 중국인민은행이 보유한 금은 공식 수치보다 훨씬 많을 것이라고 예상하고 있다. 심지어 중국은 이미 미국을 앞질러 세계 최대의 금 보유국이 되었다는 관측도 나온다. 이렇게만 보면, 중국이 모든 수단을 동원해서 금을 마구잡이로 모으고 있는 이유가 단순히 향후 달러 가치 붕괴 이후 안전한 자산 도피처로 여기기 때문이라는 의견도 있다. 여기서 일반인들의 상상을 초월하는 매트릭스의 파워를 염두에 두었을 때 가능한 시나리오는 중국도 세계 단일화폐로서 금본위제에 기반을 둔 새로운 화폐에 동참할 것이라는 예측이 가능하다.

유로화의 금본위제 가능성

엑케르트는 《화폐 트라우마》에서 유로화를 금본위제를 도입할 경우 발생할 문제점과 해결책을 다음과 같이 제시하고 있다.

— 유로의 총 유동성 중 최소 부분만 그러니까 약 2~3% 정도만을 금괴나 금화로 커버하는 것으로는 결코 충분하지 않을 것이다. 진정한 금본위제라면 최소한 통화량의 40% 정도는 금으로 커버할 수 있어야 한다. 2010년 현재 시장 가격을 기준으로 했을 때 화폐공동체 가입국가들이 보유하고 있는 금의 통화량 규모는 3,330억 유로에 불과하다. 유로존 전체에서 통용되는 총 유동성은 9조4,000억 유로에 이른다. 따라서 그 정도 양의 금으로는 유로존 전체 통화량의 3.5%밖에 커버할 수 없을 것이다.

이런 간극을 메울 수 있는 방법은 두 가지다. 통화량을 급격하게 감소시키거나, 아니면 금 가격을 엄청나게 올리면 된다. 그러나 두 가지 방법 모두 극도의 쇼크를 수반하게 될 것이다. 특히, 전자의 방법을 사용한다면, 각국 정부가 결코 그것을 감당해내지 못할 것이다. 급격한 통화량 감소는 정치적으로 유발된 대규모 디플레이션이나 다름없는 일이 될 것이다. 이럴 경우 모든 현대 국가는 디플레이션이 몰고 올 대중적인 저항으로 말미암아 무너지고 말 것이다. 그렇다면 이제 총통화량의 40%를 금으로 커버하기 위해 남아 있는 방법은 오직 하나밖에 없다. 바로 금 가격을 1온스당 1만3,500달러 이상으로 올리는 것이다.[8]

엑케르트가 제시하는 해결책과 같은 맥락에서 위 기준에서 금 가격이 10배 오르면 유로존 통화량의 35%를 커버할 수 있다는 계산이 나온다.

또 한 가지 필자가 염두에 두는 해결책은 유로존의 금 보유량을 늘리는 것이다. 갑작스레 금 보유량을 늘린다는 것은 상당한 자본이 요구되어야 한다는 점에서 비현실적으로 여겨지겠지만, 여기서 대량의 금을 다름 아닌 로스차일드 가문을 중추 세력으로 한 유럽의 시장 세력이 내놓는 경우다.

그러면 유로존 총통화량 중 적어도 50% 이상은 커버가 가능할 것이다. 여기서 '적어도'라는 말을 붙인 것은 로스차일드 가문의 금 보유량에 대한 공개된 정확한 수치가 없어 추정할 수밖에 없기 때문이다. 발렌베리 가문을 포함한 시장 세력의 핵심인 로스차일드 가문이 동원할 수 있는 금은 8,000톤에서 1만2,000톤으로 추정된다. 최대 추정치로 봤을 때 이는 미국과 독일 정부가 보유한 금과 비슷한 규모다.

여기서 서구의 금융 환경의 원천을 언급할 필요가 있다. 르네상스를 기점으로 서구 세계가 세계 정세를 주도하게 된 것은 이탈리아의 메디치 가문, 독일의 로스차일드 가문, 스웨덴의 발렌베리 가문 등이 모두 금융업을 발판으로 거대 자본가로 성장했기 때문이다. 이 세 가문의 성공 비결은 왕실의 비효율적 보수성과 정치인의 비연속성의 한계를 합리적이고 혁신적인 경영기법과 성공적인 네트워크 구축을 통해서 극복했다는 점이다. 특히, 로스차일드 자본이 미국에 진출함으로써 미국 경제에 미친 영향은 가공할 만하며, 그 영향력은 세계 금융계에 지금까지 지대하다.

미국 시장세력의 핵심인 록펠러, 포드, 카네기가 동원할 수 있는 추정 금 보유량 5,000톤에서 8,000톤을 합치면 총량은 1만3,000톤에서 2만 톤이 되는 셈이다. 석유 등 막대한 자원 보유와 함께 매트릭스의 막강한 자금 동원력이 여기서 나온다.

TIP 시장 세력의 영향력

세계 금융 시스템이 균형을 잃은 것은 규제 완화라는 명분하에 시장의 규모가 너무 커졌기 때문이다. 탈냉전시대에 들어 세계가 목격한 가장 큰 변화는 미국을 위시한 대부분 정부들의 재정 적자가 기하급수적으로 늘었는데, 시장을 이끄는 세력의 부는 증가되었다는 것이다. 이제 정부의 기능은 시장의 영향력 하에 놓여 있다. 천문학적 수치로 누적되는 미국 부채는 해결할 재원을 찾을 길이 없다. 그러나 시장 세력은 건재하다. 규제하는 주체는 약해지고 규제받는 객체는 강해지는 현상이 세계 금융 시스템의 현실인 것이다.

자본주의의 강점은 사유 재산권을 인정함에 따른 생산성의 극대화다. 개인의 재산 증식 욕구(탐욕)는 자본주의를 이끄는 원동력이다. 이제 그 탐욕을 제한한다는 것은 자본주의를 버린다는 뜻이나 다름없다.

혹자는 IMF 또는 G20이 규제 도입을 통해서 세계 금융 시스템에 새로운 활력을 줄 것이라고 기대한다. 그러나 그것은 순진한 희망이다. 납세자인 국민에 의해서 선출되어 대의민주주의를 실천하는 정치인들은 애석하게도 납세자들보다 시장이 국가의 생존에 더 밀접하게 연관되어 있다고 믿는다. 따라서 국민에게 시장을 규제하고 있다는 인상을 보여주는 것만으로 그들은 정해진 임기에 자신들의 역할을 다하는 것이라고 생각한다.

IMF도 G20도 서구의 기득권을 불려나가는 보이지 않는 손의 이해관계에 의해 움직이고 있다. 때문에 규제 권한을 갖고 있는 정부 조직과 국제 조직이

할 수 있는 규제의 범위는 제한적이다. 헤지펀드 같은 시장 작전 세력을 규제 대상으로 지목조차하지 못하는 정부 조직과 국제 모임은 제 기능을 할 수 없다. 이 사실은 규제를 받아야 할 시장이 규제 주체인 정부를 규제하고 있다는 사실을 입증하는 것이다.

G20의 각국 정상들을 보라. 그들은 임기가 끝나면 그 책임을 후임자에게 넘긴다. 현재 G20 정상 중에 5년 뒤에도 자국을 대표할 사람들은 몇 명 남지 않는다. 10년 뒤에는 거의 새로운 얼굴이 그 자리를 채우게 될 것이다. 유권자인 국민들은 새로운 지도자를 선출해서 다시 그 자리에 보낸다. 진척이 있을 것 같은 G20는 이렇게 지속될 것이다. 이렇듯 정부 기능의 중추인 정치 리더십은 한시적이다.

반면, 시장 세력은 영구적이다. 그들은 늘 그 자리에 있다. 그냥 있는 것이 아니고 계속해서 부를 늘리며 영향력을 확대해간다. 국제 금융 시스템에 대해서 효율적인 규제 메커니즘은 시장 세력이 스스로 도덕성을 회복하고 탐욕을 버리지 않는 이상, 그리고 참회하고 축적된 부를 환원하지 않은 이상 요원한 일이다.

G20은 정상 간에 개인적인 친분을 쌓고, 제한된 정보 교환을 하는 장만을 제공한다. 환율 메커니즘에 대한 효율적 통제장치나 헤지펀드 자본의 전횡적 유출입에 대한 통제 같은 중요한 사안들은 다루지 못한 채 '각국이 협력하기로 했다'는 공동 성명서만을 발표하고 다음 모임을 기약할 것이다. 결국, 세계 시장을 움직이는 큰손들에게 G20의 각국 정상들은 한 시절 은막을 풍미하는 배우에 불과하다.

그러면 과연 규제의 주체로서 정부가 제 역할을 찾고, 시장은 규제의 대상이 되기 위한 계기는 경제 공황이나 전쟁 같은 거대한 소용돌이 없이 마련될 수 있을까? 이 질문에 대한 답변은 역사의 수레바퀴를 통해 듣는다.

뉴 달러가 온다

글로벌 투자 전략가인 마르틴 허친슨은 〈머니모닝〉 2012년 9월 11일자에 '새로운 금본위제는 현재로서는 꿈이다'[9]라는 제목의 기고를 통해서 금본위제로 회귀하는 데 나타나는 장애물들을 언급했다.

허친슨에 따르면 금본위제로 돌아가는 데는 두 가지 문제가 있다. 우선 금의 공급은 연간 1% 증가한다. 이 정도의 공급량은 2,000억 달러 가치가 있다. 참고로 전세계 금 보유 액수는 9조 달러다. 이 뜻은 금의 순환 확대비율은 0.22%에 지나지 않는다.

세계 인구가 연간 1% 증가하고 세계 경제 성장률이 평균 2%라면, 화폐의 필요는 3%로 확대된다. 허친슨은 현재 연간 지구의 인구 증가율이 1.1%이기에 새로운 금본위제를 실시하기에는 너무 빠르게 진행된다고 본다. 희소식은 인구 증가율이 감소하는 추세여서, 2039년은 연간 0.5% 아래로 떨어질 전망이다. 이는 19세기 후반의 증가율과 같다. 따라서 금본위제를 실시하려면, 이때까지 기다려야 할지도 모른다.

두 번째 걸림돌은 중앙은행과 일반 은행들의 존재다. 1913년에 설립된 미국의 연방준비이사회는 1933년까지 돈의 공급을 전적으로 잘못했기 때문에 대공황을 더욱 악화시킨 책임이 있다. 게다가 1920년대 미국 은행들은 연방준비이사회가 이자율을 너무 낮게 정한 상황에서 오버 레버리지를 함으로써 돈의 공급을 급격하게 줄인

바 있다. 반면, 당시 금의 유통량은 일정함을 유지했다. 1694년 설립된 잉글랜드은행은 종종 유사한 문제를 야기했다. 그러나 19세기에 은행 레버리지에 대한 엄격한 규제로 위기는 막을 수 있었다.

허친슨은 미국이 금본위제를 재도입할 가능성이 낮은 두 가지 이유는 비용과 금본위제를 반대하는 기존의 이해집단이라고 주장한다. 여기서 이해집단이란 누구를 말하는 것일까? 정부가 금본위제를 반대하는 이유는 바로 부채 문제와 직결되어 있기 때문이다. 엑케르트는 다음과 같이 지적한다.

▬ 부채는 기정사실, 즉 더 이상 바꿀 수 없는 사실이다. 따라서 금본위제를 재도입하는 것을 국가보다 더 완강하게 반대하는 적수는 결코 존재하지 않을 것이다. 발권은행이 정부에(그리고 이와 함께 간접적으로 이익집단에) 의존하는 정도가 강할수록, 정부는 더욱 더 격렬하게 새로운 귀금속본위제에 저항하게 된다.[10]

이 말은 미국의 연방준비이사회 입장에서는 달러의 무한정한 발권 권한을 최대한 오래 연장하려 한다는 뜻이다. 실제로 미 행정부의 금융 통화 정책에서 연방준비이사회는 이상할 정도로 독자적 행보를 유지해온 점에서 워싱턴의 정치력이 아닌 '보이지 않는 손' 인 매트릭스의 영향력하에 있었기에 엑케르트가 말하는 '국가' 와 '정부' 에 형식적인 통제를 받고 있다는 표현이 맞다.

더불어 엑케르트는 금이 부자들을 위한 금속이라는 점을 "금은 사실상 인플레이션에 대한 저항력을 갖춘 화폐로서, 부유한 사람들과 금융자산을 많이 보유한 사람들에게 이익을 가져다준다. 그런 의미에서 금은 '우익 금속'이다"라고 언급한다. 결국 거대 자본가들이 중추적인 역할을 하는 매트릭스의 이익에 있어서 금만큼 안정적인 자산은 없다는 뜻이다.

여기서 필자는 바이마르 공화국의 화폐 붕괴처럼 미국도 재정 적자와 채무불이행(디폴트)으로 인한 달러의 붕괴를 겪을 수 있으며 금이 피난처가 될 것으로 전망한다.

트럼프의 선거 공약이기도 했던 미국 달러의 금본위제 회귀도 이런 맥락에서 이해하면 된다. 트럼프가 금본위제에 대한 향수를 드러내는 것은 달러화 강세 기조를 유지하려는 의도이다. 즉 금본위제 복귀를 통해서 향후 트럼프판 뉴딜정책을 추진할 경우 막대한 재정 적자와 국가부채 증가가 불가피한 상황에서 달러가치 약세를 막으려는 수단이라는 것이다.[11]

기축통화로서 달러의 위상이 흔들리고 있음에도 미국은 달러를 '양적 완화'라는 포장된 수식어를 쓰면서 더 발행하려고 하고, 동시에 중국은 가능한 빨리 보유 달러를 금이나 은 같은 현물로 대체하려는 상황에서 금값 상승은 기정사실이다. 문제는 상승 시점이다. 금값의 추이는 분명히 '뉴 달러'의 탄생과 직접적인 연관이 있다. 다시 말해, 금값이 사상 최고치를 경신하며 동시에 미국의 디폴트 선언이 나오는 시점이 세계 단일통화로서 금본위제는 새로운 화폐 '뉴 달러'가 등장하는 신호탄이 될 것이다.

크리스토퍼 코커 런던정경대(LSE) 국제관계학과 교수
"브렉시트는 본래 보수당의 문제다."

로렌스 프리드먼 런던킹스컬리지 석좌 교수
"브렉시트는 민주적 투명성에 영향을 받지 않는 동떨어진 관료주의로부터의 위대한 탈출이다."
"브렉시트를 주장하는 진영에서 열망하는 헌법적인 독립이란 사건을 통제하는 실질적인 독립적 헌법의 능력과 같은 것이 아니다."
"브렉시트는 스코틀랜드 독립의 또 다른 발화점이 되었다."

데니스 맥셰인 유럽 장관
"유럽에 대한 경멸은 아주 흔한 일이다. 국민투표에서 정치적인 선택은 이성적인 이득과 손실 계산이라기보다 어떤 기관에 대해서 유권자들이 표현하고 싶은 감정적인 요소들에 대한 것이다."

데이비드 캐머런 영국 전 총리
"우리가 EU를 탈퇴한다 하더라도 우리가 유럽을 떠날 수는 없을 것이다. EU는 수년간 우리의 가장 큰 무역파트너로 남을 것이고, 영원히 우리의 지리적인 이웃이다."
"EU를 탈퇴할 경우 영국의 경제 상황이 어려움에 직면할 가능성이 크기 때문에 EU 보조금을 대체할 예산 확보를 보장할 수 없다."
"브렉시트는 영국 농부와 이곳 북아일랜드 농부들에게 아주 큰 피해를 입힐 것이다."

로버트 톰스 캠브리지대학교 역사학과 교수
"EU탈퇴를 원하는 영국사람들은 유럽에 대한 회의론뿐만 아니라 잉글랜드적 정체성 더 나아가 잉글랜드식 국수주의를 표방하고 있다."

폴 드렉슬러 영국 산업 협회 회장

"경제 부양 조치의 최선의 방책은 역시 인프라 사업이기 때문에, 만일 브렉시트로 인하여 경기가 더 어려워진다면, 가능손실액을 완화시킬 수 있는 인프라에 대한 투자만이 최선의 방법이다."

데이비드 데이비스 브렉시트 장관

"영국은 내년 1월 1일 전후로 EU 탈퇴 수순을 정식으로 착수할 수 있어야 한다."

로빈 브릴릿 영국왕립국제문제연구소(RIIA) 소장

"영국 정부가 EU 안이 아닌 밖에서 영국 국민들에게 더 나은 미래를 제공할 수 있다는 생각은 상상 속에나 있는 일이다."

데이비드 매닝 경 토니 블레어 내각 외교 정책 고문

"EU 밖에서 유럽에 대한 우리의 영향력은 급속히 감소된다. 마찬가지로 미국 내에서도 마찬가지이다. 영국이 EU를 탈퇴하며 얻게 되는 리스크는 영국이 국제 문제에 관여 하지 않는 급류로 빠져들게 될 것이라는 점이다."

버락 오바마 미국 대통령

"미국은 강한 EU에 속해있는 강한 영국의 가치를 높이 평가합니다. 이러한 영국이 속한 EU는 유럽과 전세계에 평화, 번영 그리고 안보 유지에 중차대한 기여를 하고 있습니다.

니콜라 스터전 스코틀랜드 자치정부 수반

"브렉시트 시나리오와 독립에 대한 국민들의 지지 수준에 따라서 판단하겠다."

테리사 메이 영국 총리

"나는 EU로 인하여 오랫동안 지속되어 온 소중한 잉글랜드와 스코틀랜드의 관계가 무너지는 것을 원치 않는다."

옌스 바이트만 독일 중앙은행 총재

"영국의 예상 밖의 EU 탈퇴 결정이 유로존 지역의 경제 전망을 바꾸는데 영향을 미치지 않을 것이며, 유로존의 상승세는 이어질 전망이다."

도널드 투스크 유럽연합 이사회 상임의장

"브라티슬라바 정상회담은 유럽연합에 대한 신임과 신뢰를 새롭게 하는데 기여하기를 바란다."

"자유 이동은 영국의 단일 시장 접근의 조건이라는 사실에 대해서 EU는 타협하지 않을 것이다."

"엄연한 진실은 브렉시트가 우리 모두에게 손실을 가져 올 것이라는 것이다."

"오늘 비록 그럴 가능성을 믿는 사람은 거의 없겠지만, 영국은 종국적으로 EU를 떠나지 않는 결정을 내리게 될 지도 모른다."

데이비드 차터 《유럽, 머물 것인가, 나갈 것인가?》 저자

"(브렉시트로 인하여) 가장 큰 타격을 받을 EU회원국은 영국의 가장 가까운 이웃 나라 아일랜드가 될 것이다."

찰리 플라나간 아일랜드 외무장관

"브렉시트는 1973년 유럽경제공동체 가입 이후 영국이 직면한 가장 큰 외교 정책 문제로 다뤄지고 있고, 많은 경우에 아일랜드도 마찬가지로 해당된다."

마르틴 맥기니스 북아일랜드 부총리

"테리사 메이 총리는 브렉시트는 브렉시트를 뜻한다라고 말하지만, 브렉시트는 우리 아일랜드 국민들에게 재난을 뜻한다."

마르틴 슐츠 유럽의회 의장

"영국은 브렉시트 전이나 후로 EU 군대에 대한 거부권을 갖지 못한다."

"안보와 국방 정책 부문에서 EU가 핵심 회원국을 잃는 것은 사실이지만, 역설적으로 그러한 분리가 남은 회원국들을 더욱 긴밀하게 통합시키는 자극제가 될 것이다."

로저 부틀 《유럽의 문제》의 저자

"영국은 EU의 시작에는 두드러진 역할을 한 것이 없지만, EU가 종지부를 찍는 부분에서는 큰 역할을 할 것으로 생각된다."

존 메이저 영국 전 총리

"브렉시트는 EU의 정치적 영향력이 특히 미국과 중국을 상대로 감소됨을 의미한다. 영국이 빠진 상태에서 근대 문명의 요람인 유럽의 중요성은 약화될 것이다."

참고 문헌

브렉시트 관련 서적

- Denis Macshane (Oct 2016), Brexit: How Britain Left Europe, I.B. Tauris
- Owen Bennedt (Sept 2016), The Brexit Club, Biteback Publishing
- Peter Wilding (Sept 2016), What Next?: Britain's Future in Europe, I.B.Tauris
- Etienne Balibar (July 2016), The Brexit Crisis: A Verso Report
- David Charter (2016), Europe: In or Out? , Bitebeck Publishing
- Daniel Hannan (2016), Why Vote Leave, Head of Zeus
- Denis Macshane (2016), Let's Stay Together: Why Yes to Europe, I.B. Tauris
- John McCormick (2016), Why Europe Matters for Britain: The Case for Remaining In, Palgrave
- David Owen (2016), The UK's In-Out Referendum: EU Foreign and Defence Policy Reform, Haus Curiosities
- Roger Bootle (2016), The Trouble with Europe, Nicholas Brealey Publishing
- David Torrance (2016), EU Referendum 2016: A Guide for Voters, Electoral Reform Society, Luath Press Limited
- Roger Liddle (2015),The Risk of Brexit, Policy Network
- Denis Macshane (2015), Brexit: How Britain Will Leave Europe, I.B. Tauris

브렉시트 관련 기고문

- Hylke Dijkstra, 'UK and EU Foreign Policy Cooperation after Brexit' , RUSI Newsbrief, 5 Sept 2016
- Trevor Taylor, 'The Ministry of Defence's Post-Brexit Spending Power: Assumptions, Numbers, Calculations and Implications' , Brexit Briefing No. 10, RUSI, 12 Aug 2016
- Pierre Razoux, 'BREXIT: Strategic Consequences ? A View from France' , Brexit Briefings, Royal United Studies Institute (RUSI), 13 July 2016

- Chris Grocott, 'Gibraltar's Brexit Challenge', Brexit Briefing, Royal United Studies Institute (RUSI), 5 July 2016

- 조명진, '브렉시트, 세계안보질서에 균열··· 북대서양조약기구 등 서방진영 입지 약화시켜', 〈한국일보〉 브렉시트 깊이 읽기- 전문가 기고 시리즈(3), 2016년 6월 29일

- Hix, Simon, Hagemann, Sara and Frantescu, Doru (2016) 'Would Brexit matter? The UK's voting record in the Council and the European Parliament', VoteWatch Europe, Brussels, Belgium.

- Christopher Coker, 'Who Only England Know', The RUSI Journal, May 2016 http://www.tandfonline.com/doi/full/10.1080/03071847.2016.1183437

- Julian Lewis, 'The European Union is a Threat to Peace', The RUSI Journal, May 2016 http://www.tandfonline.com/doi/full/10.1080/03071847.2016.1183436

- Michael Howard, 'Better In or Out? The Historical Background', The RUSI Journal, 20 May 2016 http://www.tandfonline.com/doi/full/10.1080/03071847.2016.1183435?src=recsys

- Lawrence Freedman, 'Brexit and the Law of Unintended Consequences', Survival, 24 May 2016 http://www.tandfonline.com/doi/full/10.1080/00396338.2016.1186972?src=recsys

- Swati Dhingra & Thomas Sampson (2016), 'Life after Brexit: What are the UK's options outside the European Union?,' Centre for Economic Performance(CEP), London School of Economics

- Oliver Daddow, 'Strategising European Policy: David Cameron's Referendum Gamble', The RUSI Journal, October/November 2015

- Nick Witney, 'European Defence: An Open Goal for Britain', The RUSI Journal October/November 2015

- James Ker-Lindsay, 'Britain, 'Brexit' and the Balkans', The RUSI Journal October/November 2015

- Parker,G (2015). 'Tories Shun Brexit Contingency Plans', Financial Times, 1 December 2015

- Ottaviano, G., J. P. Pessoa, T. Sampson and J. Van Reenen (2014) 'The Costs and Benefits of Leaving the EU', Centre for Economic Performance Policy Analysis, London School of Economics http://cep.lse.ac.uk/pubs/download/pa016.pdf

- Cameron, D. (2013) 'EU Speech at Bloomberg', 23 Jan 2013. Retrieved from:https://www.gov.uk/government/speeches/eu-speech-at-bloomberg

- House of Commons (2013) 'Leaving the EU', Research Paper 13/42, 1 July 2013
- 조명진, 'EU의 아웃사이더' 영국의 선택은? 〈시사저널〉, 2012.10.10
- Simon Hix (2011), 'David Cameron's EU treaty veto is a disaster for Britain British', Politics and Policy at LSE (9 Dec 2011) Blog entry http://eprints.lse.ac.uk/40978/
- 조명진, '주변 신세' 된 영국의 '줄타기' 외교, 〈시사저널〉, 2011.11.27

브렉시트 관련 언론 기사와 EU 기관 자료

- Jeremy Corbyn calls for more transparency over Brexit plan, 〈BBC〉, 5 November 2016
- Brexit plans in disarray as high court rules parliament must have its say, The Guardian, 3 Nov 2016
- Commons vote to ratify Brexit deal likely, says No 10, 〈BBC〉, 18 Oct 2016
- Irish leaders fear Brexit will bring economic disaster, The Guardian, 16 Oct 2016
- 'Hard Brexit' or 'no Brexit' for Britain, 〈BBC〉, 13 Oct 2016
- Brexit: Court battle looms over rights of Parliament, 〈BBC〉, 12 Oct 2016
- Will Parliament get a vote on Brexit deal? 〈BBC〉, 12 Oct 2016
- Hard Brexit could cost 66 pounds a year in taxes, The Week, 11 Oct 2016
- The road to Brexit: Britain's prime minister must resist her party's dangerous instincts, The Economist, 8 Oct 2016
- Pound expected to fall to new lows against dollar after 'flash crash', I News, 7 Oct 2016
- David Runciman, How the education gap is tearing politics apart, The Guardian, 5 Oct 2016
- Theresa May kicks off Brexit, The Economist, 2 Oct 2016
- What Remainers Really Want Now, The New European, Sept 30- Oct 6 2016
- Brexit Britain: What has actually happened so far?, 〈BBC〉, 30 Sept 2016
- The almost-an-EU-army plan: Italy opens a new front in the debate over EU defense cooperation, Politico, 28 Sept 2016
- Majority of UK CEOs May Relocate Operations Post-Brexit: Survey, RttNews, 26 Sept 2016

- Martin Schulz hits back at UK over EU army, Politico, 23 Sept 2016
- Malta sets date for next EU27 summit: Like the Bratislava gathering, Britain will not be invited. Politico, 23 Sept 16
- Wolfgang Schauble offers Boris Johnson an EU lesson. Politico, 23 Sept 2016
- British Eurocrats scramble to avoid Brextinction, Politico, 22 Sept 2016
- Informal meeting of the 27 heads of state or government, 16 Sept 2016 http://www.consilium.europa.eu/en/meetings/european-council/2016/09/16-informal-meeting/
- Could Brexit stymie the Apple tax appeal? Irish Times, Sept 7, 2016
- Ford investment cut shows need for Brexit deal, Skates says, 〈BBC〉, 7 Sept 2016
- Brexit: Davis statement and MPs' debate, 〈BBC〉, 5 Sept 2016
- Theresa May's five key cabinet players in Brexit negotiations, The Guardian, 31 Aug 2016
- London will remain the top financial centre post-Brexit, says Deutsche Bank chief, Daily Telegraph, 31 Aug 2016
- Brexit: Time to sell Wales to the world, 〈BBC〉, 30 Aug 2016
- Ministry of Defence 'facing extra £700m costs post Brexit', 〈BBC〉 Radio, 10 Aug 2016
- ECB's Weidmann: Brexit vote does not change Eurozone outlook, RttNews, 4 Aug 2016
- Brexit Imperils Britain's £405 Billion Infrastructure Boom, Bloomberg, 2 Aug 2016
- Why is Scotland against Trident? Express, 18 July 2016
- David Davis: Trigger Brexit by start of 2017, 〈BBC〉, 15 July 2016
- Boris Johnson is foreign secretary: The world reacts, 〈BBC〉, 14 July 2016
- Theresa May's cabinet: Who's in and who's out, 〈BBC〉 14 July 2016
- EU referendum: Turnout among young voters 'almost double' initial reports, The Independent, 10 July 2016
- Four out of 10 people want a second EU referendum before Brexit, poll finds, The Independent, 8 July 2016
- Wales has changed its mind over Brexit and would now vote to stay in the EU, poll finds, The Independent, 5 July 2016

- Brexit and European copyright law: some conclusions and delusions, International Publishers Association, 4 July 2016
- EU referendum: How the results compare to the UK's educated, old and immigrant populations, Daily Telegraph, 27 June 2016
- Ratings agencies downgrade UK credit rating after Brexit vote, 〈BBC〉, 27 June 2016
- How Britain Could Exit 'Brexit', New York Times, 27 June 2016
- Anarchy in the UK: Britain is sailing into a storm with no one at the wheel, The Economist, 26 June 2016
- Why Brexit is Bad for Tech Companies in the UK (And Everywhere Else), Fortune, 25 June 2016
- Moody's changes outlook on UK sovereign rating to negative from stable, affirms Aa1 rating, Global Credit Research, 24 Jun 2016
- Brexit' Debate Has Voters Asking: What Does it Mean to Be English?, New York Times, 20 June 2016
- European? British? These 'Brexit' Voters Identify as English, New York Times, 16 June 2016
- The Brexit Vote Could Push the Price of Gold to $1,400, Money Morning, 15 June 2016
- Brexit could lead to other EU countries following the UK out, Daily Telegraph, 10 May 2016
- A background guide to "Brexit" from the European Union, The Economist, 24 Feb 2016
- Rule Britannia: London overtakes New York as the world's best financial centre, Daily Telegraph, 23 Sep 2015
- Brexit would harm UK's £56bn aerospace and defence industry, Daily Telegraph, 11 June 2015
- Lord Advocate calls for Holyrood consent over Brexit, 25 Nov 2016
- Scots and Welsh can have say in Brexit court case, BBC, 18 Nov 2016

런던 정경대 강연
- Britain After Brexit
- Speaker: David Hills 20 September 2016

- Politics: between the extremes
- Speaker: Nick Clegg 15 September 2016
- After the EU Referendum: What Next for Britain and Europe?
- Speaker: Simon Hix 29 June 2016
- The European Union: a citizen's guide
- Speaker: Chris Bickerton 15 June 2016
- The Case for Brexit: why Britain should quit the EU
- Speaker: Alan Sked 8 June 2016

브렉시트를 이해하는 데 도움이 되는 EU와 유럽 통합 자료

- Larry Elliott & Dan Atkinson (2016), Europe Isn't Working, Yale University Press
- John Gillingham (2016),The EU an Obituary, Verso
- Stephen Green (2016), The European Identity: Historical and Cultural Realities We Cannot Deny, Haus Curiosities
- Juergen Habermas (2015), The Crisis of The European Union: A Response, {독일어 원제 Zur Verfassung Europas: Ein Essay} , 번역 Ciaran Cronin, Polity Press
- Anthony Giddens (2015), Turbulent and Mighty Continent: What Future for Europe?, Polity PressNorman Lelieveldt and Sebastian Princen (2015), The Politics of The European Union, Cambridge University Press
- Nathaniel Copsey (2015), Rethinking the European Union, Palgrave Macmillan
- Luuk Van Middelaar (2015), After The Storm: How to Save Democracy in Europe, Lannoo Publishers
- Giandomenico Majone (2014), Rethinking the Union of Europe Post-Crisis: Has Integration Gone Too Far?, Cambridge University Press
- Kaarlo Tuori and Klaus Tuori (2014), The Eurozone Crisis: A Constitutional Analysis, Cambridge University Press
- Stephan Keukeleire and Tom Delreux (2014), The Foreign Policy of The European Union, Palgrave Macmilan
- Luuk Van Middelaar (2014), The Passage to Europe: How a Continent Became a Union, Yale University Press

- Sara B. Hobolt (2014), Blaming Europe?: Responsibility Without Accountability in the European Union, OUP Oxford
- Anna Triandafyllidou, Ruby Gropas and Hara Kouki (2013), The Greek Crisis and European Modernity, Palgrave Macmillan
- Andrew Geddes (2013), Britain and The European Union, Palgrave Macmilan
- Zizek Horvat (2013), What Does Europe Want?: The Union and its Discontents, istrosbook
- Mareike Kleine (2013), Informal Governance in the European Union, Cornell University Press
- 다니엘 엑케르트(2012), 《화폐 트라우마》, 위츠
- 조명진, 유럽 통합의 근간이 된 왕실통혼, EU Brief 2012년 4월호, SERI EU센터
- Espen Olsen (2012), Transnational Citizenship in the European Union: Past, Present, and Future, Bloomsbury
- 조명진 (2012), 《유로피안 판도라》 제5장 유럽 통합의 미래, 안티쿠스
- 조지 소로스 (2012), 《유로의 미래를 말하다》, 지식트리
- Simon Hix and Bjorn Hoyland (2011), The Political System of the European Union, Palgrave Macmilan
- Jean Claude Piris (2011), The Future of Europe: Towards a Two-Speed EU?, Cambridge University Press
- Michael Gallagher (2011), Representative Government in Modern Europe, Open University Press
- Mark Gilbert (2011), European Integration: A Concise History, Rowman & Littlefield Publishers
- Ali M. El-Agraa (2011), The European Union: Economics and Policies, Cambridge University Press
- 조명진, 유럽 통합의 기초 공사 '왕실 간 통혼', 〈시사저널〉, 2010.03.10
- Helen Wallace, Mark Pollack, Alasdair Young (2010), Policy-Making in the European Union, Oxford
- 조명진 (2010), 《우리만 모르는 5년후 한국 경제》 제2장 미국과 EU의 금융환경, 한국경제신문
- Desmond Dinan (2010), Ever Closer Union: An Introduction to European Integration, Lynne Rienner
- Jean Claude Piris (2010), The Lisbon Treaty: A Legal and Political Analysis,

Cambridge University Press

- Neill Nugent (2010), The Government and Politics of the European Union, Palgrave Macmilan
- Christina Boswell (2010), Migration and Mobility in the European Union, Palgrave Macmillan
- Karen Smith (2008), European Union Foreign Policy in a Changing World, Polity Press
- 조명진, 《세계 부와 경제를 지배하는 3개의 축》 제1장 경제통합의 활로 찾는 유럽연합
- 알베르트 알리시나 & 프란체스코 지아바치 (2007), 《유럽의 미래》, 21세기북스
- Christopher Booker, Richard North (2005), The Great Deception: Can the European Union Survive?, Bloomsbury
- 제러미 리프킨 (2005), 《유러피언 드림》, 민음사
- Ben Rosamond (2000), Theories of European Integration, Palgrave Macmillan
- Andrew Moravcsik (1998), The Choice for Europe: Social Purpose and State Power from Messina to Maastricht, Cornell University Press

유럽 안보 관련 서적

- Assembly of Western European Union (2005), The European Defence Debate 1955–2005
- Christopher Coker (2002), Globalisation and Insecurity in the Twenty-first Century: NATO and the Management of Risk, Adelphi Paper 345, International Institute for Strategic Studies
- Esther Brimmer (2002), The EU's Search for a Strategic Role: EDSP and Its Implications for Transatlantic Relations, Center For Transatlantic Relations
- Heinz Gartner, Adrian Hyde-Price and Erich Reiter (2001), Europe's New Security Challenges, Lynne Rienner Publishers
- Michael Brenner (edited, 1998), NATO and Collective Security, Macmillian Press LTD
- Anne Deighton (1997), Western European Union 1954 ? 1997: Defence, Security, Integration, St. Antony's College, Oxford University Press

유럽 난민 사태 관련 자료

- Migrant crisis: Turkey and EU reach deal on returns, 〈BBC〉, 18 March 2016
- 'The Strategic Implications of the Syrian Refugee Crisis', Survival, December 2015-January 2016
- Towards a European agenda on Migration, European Commission
- Schengen Countries
- Swedish Immigration Agency, 14 Nov 2015
- Refugee realpolitik, The Economist, 24 Oct 2015
- The Migrant Crisis: Here is Why It is Not What You Think, 4 Sep 2015, The Globe and Mai
- Europe's migrant acceptance rates, The Economist, 1 Sep 2015
- lMigrant crisis: Turkey threatens EU with new surge, BBC, 25 Nov 2016

1장

1. 2016년 10월 3일 LSE에서 크리스토퍼 코커 교수와 인터뷰.

2. '영국' 이라함은 United Kingdom(UK)과 Britain을 뜻한다. UK를 이루고 있는 4개 국가 중 England는 영어 발음대로 '잉글랜드' 로 표시한다.

3. 에드워드 히스(1916~2005). 1965년부터 1975년까지 보수당 당수였으며 1970년부터 1974년까지 영국 총리를 역임했다.

4. 영어 원문: British membership would lead to a great cross-fertilisation of knowledge and information, enabling the UK to be more efficient and more competitive in gaining more markets not only in Europe but in the rest of the world.

5. Denis Macshane (2015), Brexit: How Britain Will Leave Europe, I.B. Tauris.p.38

6. 영어 원문: We must build a kind of United States of Europe. In this way only will hundreds of millions of toilers be able to regain the simple joys and hopes which make life worth living. The structure of the United States of Europe, if well and truly built, will be such as to make the material strength of a single state less important. Small nations will count as much as large ones and gain their honour by their contribution to the common cause.

7. Denis Macshane (2015), Brexit: How Britain Will Leave Europe, I.B. Tauris, p.31

8. 영어 원문: whereas successive British governments saw negotiations for entry into the European Community as at best a natural development of this process and at worst an unavoidable necessity, a substantial part of the population still considered it an unnecessary humiliation. Michael Howard, 'Better In or Out? The Historical Background', The RUSI Journal, 20 May 2016

9. Denis Macshane (Oct 2016), Brexit: How Britain Left Europe, I.B. Taurisp.63

10. 조명진, 'EU 탈퇴냐, 잔류냐' 머리 싸맨 영국, 〈시사저널〉 2012.02.08

11. Owen Bennedt (2016), The Breixit Club, Biteback Publishing, p.1

12. David Torrance (2016), EU Referendum 2016: A Guide for Voters, Electoral Reform Society, Luath Press Limited, p.3

13. Denis Macshane (2015), Brexit: How Britain Will Leave Europe, I.B. Tauris, p.1

14. A background guide to "Brexit" from the European Union, The Economist, 24 Feb 2016

15. Roger Bootle (2016), The Trouble with Europe, Nicholas Brealey Publishing, p.283

16. David Charter (2016), Europe: In or Out?, Bitebeck Publishing, p.230

17. Lawrence Freedman, "Brexit and the Law of Unintended Consequences", Survival, 24 May 2016.
   프리드먼의 영어 원문은 다음과 같다: Once liberated from Brussels, according to the Leave campaign, the nation will be able to achieve, through its energy and resourcefulness, great things that are currently beyond its grasp. What those great things might be is not specified. The Leave campaign is not a political party with a leadership and a manifesto, waiting to form an alternative government should its campaign succeed. It is a loose coalition of individuals from across the political spectrum, including free traders and protectionists, interventionists and isolationists.

18. 영연방(Common Wealth)은 영국의 식민지 통치를 받았던 국가들의 집합으로 전 세계 53개국이 해당된다.

19. Daniel Hannan (2016), Why Vote Leave, Head of Zeus, p.xii

20. 한국 국회의원 1인당 연간 비용 내역: 연봉(세비) 1억3,796만 원, 각종 수당 및 지원금 연평균 9,915만 원, 1인당 법적후원회·출판기념회 후원금 연평균 7,000만 원, 전용보좌관 7명과 인턴 2명(3억9,846만 원), 차량 유류비 월 110만 원, 차량 유지비 월35만 원, 헌정회 회원 만 65세 이상 평생 월 120만 원 연금, 가족수당(배우자 4만 원 등)과 자녀학비보조수당(분기당 44만8,000원), 철도·선박 무료 이용과 해외 출장시 항공기 1등석 무료 제공.

21. David Torrance (2016), EU Referendum 2016: A Guide for Voters,

Electoral Reform Society, Luath Press Limited, chapter 5: How much doesthe EU cost?

22. 같은 책, pp.3-4

23. Denis Macshane (Oct 2016), Brexit: How Britain Left Europe, I.B. Tauris, p.166 영국 언론의 반유럽 편파적 보도에 대해서 더 자세한 내용은 13장: Myths, Murdoch, Lies: The Press and Europe 참조

24. Denis Macshane (2015), Brexit: How Britain Will Leave Europe, I.B. Tauris, pp. xv-xvi

25. EU referendum: Turnout among young voters 'almost double' initial reports, Independent, 10 July 2016

26. EU referendum: How the results compare to the UK's educated, old and immigrant populations, Telegraph, 27 June 2016

27. EU referendum: How the results compare to the UK's educated, old and immigrant populations, Telegraph, 27 June 2016

28. David Runciman, How the education gap is tearing politics apart, The Guardian, 5 Oct 2016

29. Denis Macshane (2015), Brexit: How Britain Will Leave Europe, I.B. Tauris, p.xix

30. 영어 원문: The campaign began as a very calm and rather practical one, talking about prices, trades, economic prospects and so on. This has turned out to be a kind of revolt against the establishment. Therefore, it's bringing out a whole lot of feelings that were rather hidden, and hence all sorts of feelings of resentment are probably coming out. There's been a surge of anti-E.U. feeling. People are beginning to think of this as being about much more than just economic practicalities, and are thinking of this as being about legitimacy, about independence, about who actually runs the country, about whether the elite is legitimate.

31. David Torrance (2016), EU Referendum 2016: A Guide for Voters, Electoral Reform Society, Luath Press Limited, p.1

32. 메르켈 총리 2011년 6월 연설 영문판: For Germany, Europe is not only indispensable, it is part and parcel of our identity. We've always said Germany unity, European unity and integration, that's two parts of one and the same coin.

33. Denis Macshane (2015), Brexit: How Britain Will Leave Europe, I.B. Tauris, p.31

34. Denis Macshane (2015), Brexit: How Britain Will Leave Europe, I.B. Tauris, p.35

35. 크림전쟁은 러시아와 오스만투르크·영국·프랑스·프로이센·사르데냐 연합군이 크림반도·흑해를 둘러싸고 벌인 전쟁이다.

36. Michael Howard, 'Better In or Out? The Historical Background', The RUSI Journal, 20 May 2016

37. Brexit' Debate Has Voters Asking: What Does it Mean to Be English New York Times, 20 June 2016

38. 유럽에서는 '이주자 위기(migrant crisis)' 라고 부르지만 한국에서는 이를 '난민 위기(refugee crisis)' 라고 부른다. 실제로 이주자는 이민자까지 포함하는 광의적 의미인 반면, 난민은 전쟁 또는 경제적 이유로 발생한 이주자 중에 난민 신청 과정(asylum seeking process)을 통해서 특정 국가에 난민 지위(refugee status)를 얻은 사람을 지칭한다. 이런 맥락에서 난민을 'irregularmigrant' 라고 부르는 점에 주목할 필요가 있다.

39. David Charter (2016), Europe: In or Out? , Bitebeck Publishing, p.33

40. 같은 책, pp.42-43

41. 조명진, '유럽 극우 정당의 이유 있는 부활', 〈시사저널〉, 2010년12월8일

42. 조명진, 《유로피안판도라》, 안티쿠스, 2012년, p.184

43. Migrant crisis: Turkey and EU reach deal on returns, BBC, 18 March 2016

44. Migrant crisis: Turkey threatens EU with new surge, BBC, 25 Nov 2016

2장

1. Ratings agencies downgrade UK credit rating after Brexit vote, BBC, 27 Jun 2016

2. Moody' s changes outlook on UK sovereign rating to negative from stable, affirms Aa1 rating, Global Credit Research, 24 Jun 2016

3. Brexit Britain: What has actually happened so far?, BBC, 30 Sept 2016

4. Brexit Imperils Britain's £405 Billion Infrastructure Boom, Bloomberg, 2 August 2016

5. Ford investment cut shows need for Brexit deal, Skates says, BBC, 7 Sept 2016

6. Majority Of UK CEOs May Relocate Operations Post-Brexit: Survey, RttNews, 26 Sept 2016

7. Pound expected to fall to new lows against dollar after 'flash crash', I News, 7 October 2016

8. "Did Hedge Funds Conspire to Devalue the Euro?", Money Morning, 2010년 3월 4일

9. 이제 '금융제국 런던'은 없다, 조명진, 시사저널 [1056호] 2010.01.13

10. 런던어음거래소 (LCH.Clearnet)는 전세계 금리스와프 시장의 50퍼센트를 처리하고, 현물, 증권, 환파생상품, 신용부도스와프, 에너지 계약, 운임 파생상품, 유로와 파운드로 표시된 채권, 환매조건부채권 등 다양한 금융 자산을 거래 하는 장소이다.

11. David Charter (2016), Europe: In or Out? , Bitebeck Publishing, p.153

12. LIBOR는 런던 은행 간 제시 금리(London Interbank Offered Rate)의 약자로 은행 간 차입 비용을 산정하는 수단으로 사용되고 있다. 세계 금융기관들이 모기지 대출에서부터 복잡한 금융 도구에 이르는 모든 것에 대해 지불하는 이자를 정하기 위해 사용되는 LIBOR는 금융 상품에 금리를 책정하기 위해 사용되는 국제 금리 벤치마크다.

13. David Charter (2016), Europe: In or Out? , Bitebeck Publishing, p.147

14. Rule Britannia: London overtakes New York as the world's best financialcentre, Daily Telegraph, 23 Sep 2015,

15. David Charter (2016), Europe: In or Out? , Bitebeck Publishing, p.153

16. London will remain the top financial centre post-Brexit, says Deutsche Bank chief, Daily Telegraph, 31 Aug 2016

17. Brexit Britain: What has actually happened so far?, BBC, 30 September 2016

18. British Eurocrats scramble to avoid Brextinction, Politico, 22 Sept 2016

19. 같은 기사.

20. David Charter (2016), Europe: In or Out? , Bitebeck Publishing, p.170

21. Owen Bennedt (Sept 2016), The Brexit Club, Biteback Publishing, p.337

22. Theresa May's cabinet: Who's in and who's out, BBC 14 July 2016

23. Theresa May's five key cabinet players in Brexit negotiations, Guardian, 31 Aug 2016

24. Brexit Britain: What has actually happened so far?, BBC, 30 September 2016

25. 2016년 10월 3일 LSE에서 크리스토퍼 코커 교수와 인터뷰.

26. Wolfgang Sch?uble offers Boris Johnson an EU lesson. Politico, 23 Sept 2016

27. David Davis: Trigger Brexit by start of 2017, BBC, 15 July 2016

28. Theresa May kicks off Brexit, The Economist, 2 Oct 2016

29. 'Great Repeal Bill'을 한국 언론은 '대 폐지 법안'으로 번역한 것과는 달리, 영국 정치 역사상 중요한 사건으로 기록되는 '권리 장전(Bill of Rights)'을 연상시키기에 나는 '폐지 대(大) 장전'으로 번역했다.

30. The road to Brexit; Britain's prime minister must resist her party's dangerous instincts, The Economist, 8 Oct 2016

31. Hard Brexit could cost 66 pounds a year in taxes, The Week, 11 Oct 2016

32. Brexit: Court battle looms over rights of Parliament, BBC News, 12 October 2016

33. Brexit plans in disarray as high court rules parliament must have its say, The Guardian, 3 Nov 2016

34. Scots and Welsh can have say in Brexit court case, BBC, 18 Nov 2016

35. Lord Advocate calls for Holyrood consent over Brexit, 25 Nov 2016

36. Swati Dhingra & Thomas Sampson (2016), "Life after Brexit: What are the UK's options outside the European Union?," Centre for Economic Performance, London School of Economics pp.4-5

37. David Charter (2016), Europe: In or Out? , Bitebeck Publishing, p.158

38. 같은 책, p.21

39. Ministry of Defence 'facing extra ?700m costs post Brexit', BBC Radio, 10 Aug 2016

40. Trevor Taylor, 'The Ministry of Defence's Post-Brexit Spending Power: Assumptions, Numbers, Calculations and Implications', Brexit Briefing No. 10, RUSI, 12 August 2016

41. Pierre Razoux, BREXIT: Strategic Consequences ? A View from France, Brexit Briefings, Royal United Studies Institute(RUSI), 13 July 2016

42. Lawrence Freedman, "Brexit and the Law of Unintended Consequences", Survival, 24 May 2016

43. Brexit would harm UK's ?56bn aerospace and defence industry, Daily Telegraph, 11 June 2015

44. Pierre Razoux, BREXIT: Strategic Consequences ? A View from France, Brexit Briefings, Royal United Studies Institute(RUSI), 13 July 2016

45. David Charter (2016), Europe: In or Out? , Bitebeck Publishing, p.24

46. Pierre Razoux, 'BREXIT: Strategic Consequences ? A View from France' , Brexit Briefings, Royal United Studies Institute (RUSI), 13 July 2016

47. Denis Macshane (2016), Let' s Stay Together: Why Yes to Europe, I.B. Tauris, p.44

48. Lawrence Freedman, "Brexit and the Law of Unintended Consequences", Survival, 24 May 2016

49. David Torrance (2016), EU Referendum 2016: A Guide for Voters, Electoral Reform Society, Luath Press Limited, chapter 13

50. How Britain Could Exit 'Brexit' , New York Times, 27 June 2016

51. Why is Scotland against Trident? Express, 18 July 2016

52. David Torrance (2016), EU Referendum 2016: A Guide for Voters, Electoral Reform Society, Luath Press Limited, chapter 14 Wales

53. Brexit: Time to sell Wales to the world, BBC, 30 Aug 2016

54. 북아일랜드 분쟁 (KIDA 세계분쟁 데이터 베이스, 한국국방연구원)

55. David Torrance (2016), EU Referendum 2016: A Guide for Voters, Electoral Reform Society, Luath Press Limited, chapter 15 Northern Ireland

56. Chris Grocott, 'Gibraltar' s Brexit Challenge' , Brexit Briefing, Royal United Studies Institute (RUSI), 5 July 2016

57. David Torrance (2016), EU Referendum 2016: A Guide for Voters, Electoral Reform Society, Luath Press Limited, p.1

58. EU Foreign Minister say UK must leave EU as soon as possible, Bloomberg, June 25, 2016

59. ECB' s Weidmann: Brexit vote does not change Eurozone outlook, RttNews, 4 Aug

60. Informal meeting of the 27 heads of state or government, European Council, 16 Sept 2016

61. Malta sets date for next EU27 summit: Like the Bratislava gathering, Britain will not be invited. Politico, 23 Sept 16

62. Martin Schulz hits back at UK over EU army, Politico, 23 Sept 2016

63. 'Hard Brexit' or 'no Brexit' for Britain, BBC, 13 Oct 2016

64. David Charter (2016), Europe: In or Out? , Bitebeck Publishing, pp.240-241

65. Irish leaders fear Brexit will bring economic disaster, The Guardian, 16 Oct 2016

66. 영어 원문: The prospects of viable integration vary according to what the political scientist Joseph Nye has described as integrative potential, or the conditions needed to achieve successful integration. These include the economic equality and compatibility of the states involved, the extent to which elites in the participating states think alike on economic policy, and the capacity of those states to adapt and respond to public demands, which in turn depends on the stability and responsiveness of government.

67. John McCormick (2016), Why Europe Matters for Britain: The Case for Remaining In, Palgrave, p.121

68. 같은책, p.30

69. David Charter (2016), Europe: In or Out? , Bitebeck Publishing,pp. 241-242

70. John McCormick (2016), Why Europe Matters for Britain: The Case for Remaining In, Palgrave, p.129

71. 제러미리프킨(2005),《유러피언드림》. 민음사, p.114

72. 조명진, 유럽통합의 근간이 된 왕실통혼, EU Brief 2012년 4월호, SERI EU 센터

73. Roger Bootle (2016), The Trouble with Europe, Nicholas Brealey Publishing,p.6

74. 조명진, '독일 통일과 유럽 통화 통합은 한통속이었다', 〈시사저널〉, 2010년 10월20일

75. 다니엘 엑케르트, 《화폐 트라우마》, 위츠, 2012년, p. 240

76. 조지소로스(2012), 《유로의 미래를 말하다》, 지식트리, p.130

77. 조명진, 팽창하는 EU, 터키에는 '좁은 문', 〈시사저널〉 2010.11.20

78. 조명진, 그리스 위기는 끝 아닌 '끝의 시작', 〈시사저널〉 2011.11.16

3장

1. Swati Dhingra & Thomas Sampson (2016), "Life after Brexit: What are the UK's options outside the European Union"Centre for Economic Performance, London School of Economics,

2. 영어 원문: Suppose the UK votes to leave the European Union (EU): what happens next? Unfortunately, no one knows for sure. A vote to remain in the EU is a vote to maintain the status quo. The new settlement that the government is negotiating with the EU leaves the UK's current economic and political relations with Europe broadly unchanged. But what happens in the aftermath of a vote to leave is more uncertain.

3. Swati Dhingra & Thomas Sampson (2016), 'Life after Brexit: What are the UK's options outside the European Union' Centre for Economic Performance(CEP), London School of Economics, p.5

4. David Charter (2016), Europe: In or Out?, Bitebeck Publishing, p.244

5. Theresa May kicks off Brexit, The Economist, 2 Oct 2016

6. Brexit Britain: What has actually happened so far?, BBC, 30 September 2016

7. Liam Fox looks to WTO in hint at 'hard Brexit' stance, The Guardian, 29 Sept 2016

8. 영어 원문: Through its membership of the EU, Britain is a member of the World Trade Organisation (WTO) and party to free-trade deals with 53 other countries. When it leaves, it will lose all that. So Britain must urgently prepare to rejoin the WTO as an individual countrywhich, again, requires the consent of every other member. - The road to Brexit: Britain's prime minister must resist her party's dangerous instincts, The Economist, 8 Oct 2016

9. Four out of 10 people want a second EU referendum before Brexit, pollfinds, The Independent,8 July 2016

10. Wales has changed its mind over Brexit and would now vote to stay inthe EU, poll finds, The Independent, 5 July 2016

11. What Remainers Really Want Now, The New European, Sept 30- Oct 6 2016

12. 2016년 9월 22일 LSE에서 토머스 샘슨 교수와의 인터뷰.

13. 2016년 10월 3일 LSE에서 크리스토퍼 코커 교수와 인터뷰.

14. 조명진,"브렉시트, 세계안보질서에균열…나토등서방진영입지약화시켜", 한국일보, 2016년 6월 29일

15. OSCE의 전신은 1973년 설립된 유럽안보협력회의(Conference on Security

and Cooperation in Europe, CSCE)로 1995년 부다페스트 정상회담에서 유럽 안보협력기구로 명칭을 변경했다. OSCE의 역할과 위상 변화에 대해서는 Heinz Gartner, Adrian Hyde-Price and Erich Reiter (2001), Europe's New Security Challenges, Lynne Rienner Publishers 6장 'Europe's Changing Security Role'에 설명되어 있다.

16. What is the OSCE?: What we do

17. WEU의 기원과 발전과정에 대한 구체적 내용은 이 책에서 다루고 있다. AnneDeighton (1997), Western European Union 1954-1997: Defence, Security, Integration, St. Antony's College, Oxford

18. 공동안보국방정책은 European Union's Common Security Defence(ESDP) 로 불렸다가 2009년부터 공동안보국방정책으로 불린다. ESDP의 발족과 기능에 대한 자세한 내용은 이 책에서 다루고 있다.
    Esther Brimmer (2002), The EU's Search for a Strategic Role: EDSP and Its Implications for Transatlantic Relations, Center For Transatlantic Relations

19. Pierre Razoux, 'BREXIT: Strategic Consequences-A View from France', Brexit Briefings, Royal United Studies Institute (RUSI), 13 July 2016

20. Martin Schulz hits back at UK over EU army, Politico, 23 Sept 2016

21. The almost-an-EU-army plan: Italy opens a new front in the debate over EU defense cooperation, Politico, 28 Sept 2016

22. Russia deploys nuclear-capable missiles in Kaliningrad, BBC, 9 October 2016

23. 2016년 6월 24일 타슈켄트 선언 전문은 아래 우즈베키스탄 외무부 홈페이지에서 볼 수 있다.

24. Xi urges prioritization of China-CEE ties in China-EU partnerships,Xinhua, 21 June 2016

25. China unveils action plan on Belt and Road Initiative, THE STATE COUNCIL, THE PEOPLE'S REPUBLIC OF CHINA, 28 Mar 2015

26. China, Poland lift ties to comprehensive strategic partnership, Xinhua, 20 June 2016

27. Putin arrives in Beijing for state visit, CCTV, 06-25-2016,

28. Russia woos Turkey with 'face-saving' Syria alliance, Middle East Eye, 13 October 2016

29. Putin & Erdogan talk restoring trade, Turkish Stream, Syria cooperation in

Istanbul, Russia Today, 10 Oct 2016

30. 美의 아시아 중시정책 사실상 실패, 연합뉴스, 2016-11-02

31. Jason Simpkins, "China Blazing Its Own Trail in Africa", Money Morning, September 30, 2009

32. Princeton Lyman, "China's Rising Role in Africa", Council on Foreign Relations, July 21, 2005

33. Jerker Hellstrom, China's Emerging Role in Africa, Swedish Defence Research Agency(FOI), May 2009, p.9

34. Money Morning, "China Blazing Its Own Trail in Africa", 2009년9월30일

35. http://www.chinese-embassy.org.za/eng/zt/FOCAC4/t625494.htm

36. 아프리카연합 본부 앞에는 중국 깃발이 펄럭인다, 〈시사저널〉, 2016.09.21

37. How to Profit from the Yuan's "Big League" Debut, October 5, 2016

38. 통화를 교환(swap)한다는 뜻으로, 두 거래 당사자가 약정된 환율에 따라 일정한 시점에서 통화를 서로 교환하는 외환거래를 가리킨다. 상대국 통화를 사용하여 환시세의 안정을 도모하는 것이 목적인데, 단기적 환헤지보다는 주로 중장기적 환헤지의 수단으로 이용된다. 자국 통화를 맡겨놓고 상대국 통화를 빌려오는 것이므로 내용상으로는 차입이지만 형식상으로는 통화교환이다. 국가 간의 통화스와프 협정은 두 나라가 자국 통화를 상대국 통화와 맞교환하는 방식으로 이루어지며, 어느 한쪽에 외환위기가 발생하면 상대국이 외화를 즉각 융통해줌으로써 유동성 위기를 넘기고 환시세의 안정을 꾀할 수 있다. 변제할 때는 최초 계약 때 정한 환율을 적용함으로써 시세 변동의 위험을 피할 수 있다. 미국은 1959년 독일연방은행과 처음 통화스와프 협정을 맺은 뒤로 유럽 여러 나라와 캐나다, 일본, 멕시코 등의 중앙은행 및 국제결제은행과 협정을 맺고 있다. 2008년 10월 30일 한국도 국제 금융위기의 여파로 금융시장이 불안해지자 신흥국으로서는 처음으로 미국과 300억 달러 규모의 통화스와프 협정을 체결했다. (출처: 네이버 지식백과)

39. The Next 3 Countries to Drop Out of the EU If the Brexit Referendum Passes, Money Morning, 16 June 2016

40. David Charter (2016), Europe: In or Out?, Bitebeck Publishing, p.240

41. Roger Bootle (2016), The Trouble with Europe, Nicholas Brealey Publishing, p.334

42. David Torrance (2016), EU Referendum 2016: A Guide for Voters, Electoral Reform Society, Luath Press Limited, chapter 7

4장

1. '36조' 영국계 투자금 어디로…증시 최대 변수, 연합뉴스 TV, 2016.06.26

2. [국정감사]30대 대기업에 대한 외국계 투자금 315조 원 돌파, 〈한국경제신문〉, 2016.10.17

3. 브렉시트 韓에 단기적 영향 적어…중장기적으로는 불확실성 증대 요인, 2016.07.10

4. '블랙홀' 중국, 원자재에서식량까지사재기, MBC 뉴스플러스, 2016-08-09

5. Brexit Vote Rattles Japanese Auto Makers, WSJ, 27 June 2016

6. Nissan to build new models in Sunderland, BBC, 27 October 2016

7. Jeremy Corbyn calls for more transparency over Brexit plan, BBC, 5 November 2016

8. Keith Fitz-Gerald, "Is it Time to Bet Against the U.S. Dollar", Money Morning, 6 June 2010

9. Rising Dollar, Sure Money, 13 September 2016

10. 엔화는 안전자산인가?: 전망과 시사점, 윤덕룡,이진희, 대외경제정책연구원, 2016년 10월 4일

11. 조명진, "작은 정부의 작은 줄기 잡기", 〈매일경제신문〉, 2008년 6월 6일

12. 한국판 '국부펀드' KIC, 국민 돈 까먹고 수수료만 챙겼다, 경향신문, 2016년 10월 11일

13. KIC, 보유주식, 위탁증권사 명단 공개해야, 파이낸셜타임즈, 2016.10.11

14. KIC, 투자부적격 UBS에 1조 원 투자 위탁, 연합인포맥스, 2016.10.11

15. 한국투자공사 비윤리적 기업 투자 말아야, 경북 매일, 2016.10.12

16. 조명진, 〈세계 부와 경제를 지배하는 3개의 축〉, 새로운 제안, 2008년

17. 중국 사회과학원은"(기원전 중국의) 은(殷)·상(商)나라 후예들이 한반도에 기자조선(箕子朝鮮)을 세웠고, 이 기자조선이 있었기에 고구려사와 발해사도 있었다. 기자조선이 한반도에서의 중국 동북사(東北史)의 시작"이라고 주장했다. 이 보고서들은 나아가 고대 중국의 영토가"한반도 한강(漢江) 유역까지 확대되었다"라며 북한 지역 연고권도 함께 내세웠다. 사회과학원은 2002년부터 동북공정(東北工程)을 통해 고구려사 왜곡을 주도해온 기관이다. 사회과학원은 또 668년 나당(羅唐) 연합군의 고구려 공격을"당나라가 고구려를 정벌한 중국의 통일전쟁"이라 하고 발해에 대해서도"주권을 가진 독립국가가 아니라 당나라 지방정권"이라고 했다.

부록

1. 루안총샤오, 《금의전쟁》, 평단, 2012년, pp. 312-313

2. 루안총샤오, 《금의전쟁》, 평단, 2012년, p. 314

3. The Brexit Vote Could Push the Price of Gold to $1,400, Money Morning, 15 June 2016

4. China's gold market: progress and prospects, World Gold Council, 2013

5. 인민은행, 11월 금 보유량 21톤 확대, 대외경제연구원 중국 전문가 포럼(CSF), 2015.12.10

6. Why China and Russia are buying so much gold, Market Watch, 2 Aug 2016

7. Gold Prices Today Continue Sliding ? Get Ready for the Rebound, Money Morning, 7 October, 2016

8. 다니엘엑케르트, 《화폐트라우마》, 위츠, 2012년, pp. 290-291

9. Martin Hutchinson, 'But a New Gold Standard is Just a Dream --For Now', Money Morning, 11, September, 2012

10. 다니엘엑케르트, 《화폐트라우마》, 위츠, 2012년, p. 294

11. 트럼프 '금본위제 회귀' 카드 한국경제에 '그늘' 드리우나, 한겨레, 2016.11.23

브렉시트를 대비하라

제1판 1쇄 인쇄 | 2016년 12월 8일
제1판 1쇄 발행 | 2016년 12월 16일

지은이 | 조명진
펴낸이 | 고광철
펴낸곳 | 한국경제신문 한경BP
편집주간 | 전준석
책임편집 | 박영경
교정교열 | 최창욱
기획 | 이지혜 · 유능한
저작권 | 백상아
홍보 | 이진화
마케팅 | 배한일 · 김규형 · 이수현
디자인 | 김홍신
본문디자인 | 디자인현

주소 | 서울특별시 중구 청파로 463
기획출판팀 | 02-3604-553~6
영업마케팅팀 | 02-3604-595, 583 FAX | 02-3604-599
H | http://bp.hankyung.com   E | bp@hankyung.com
T | @hankbp   F | www.facebook.com / hankyungbp
등록 | 제 2-315(1967. 5. 15)

ISBN 978-89-475-4167-1   03320

Britain Exit
BREXIT